Leis Espirituais para a Saúde e a Felicidade

Eunilto de Carvalho

Leis Espirituais para a Saúde e a Felicidade

© 2002, Madras Editora Ltda.

Editor:
Wagner Veneziani Costa

Produção e Capa:
Equipe Técnica Madras

Revisão:
Cristina Lourenço
Letícia Silva

ISBN: 85-7374-441-3

Proibida a reprodução total ou parcial desta obra, de qualquer forma ou por qualquer meio eletrônico, mecânico, inclusive por meio de processos xerográficos, sem permissão expressa do editor (Lei nº 9.610, de 19.2.98).

Todos os direitos desta edição reservados pela

MADRAS EDITORA LTDA.
Rua Paulo Gonçalves, 88 — Santana
02403-020 — São Paulo — SP
Caixa Postal 12299 — CEP 02013-970 — SP
Tel.: (0_ _11) 6959.1127 — Fax: (0_ _11) 6959.3090
www.madras.com.br

ÍNDICE

Introdução 7
   Nem Castigo, Nem Perdão 7
Evolução: A Lei da Vida 9
Conscientização Espiritual 13
A Lei do Amor 17
A Lei de Ação e Reação 23
Por que Sofremos? 27
Orai e Vigiai 31
Finalidade da Reencarnação 35
Higiene Física e Espiritual 39
Reforma Íntima 43
Bem-aventurados os Pobres de Espírito 47
O Consolador 51
Bem-aventurados Sois 55
Bem-aventurados Os que Têm o Coração Puro ... 59
O Poder da Fé 67
O que é Orar? 73
A Saúde está ao seu Alcance 83
   Regras de Manutenção da Saúde 85

Melhorar os Pensamentos 88
Como Vencer os Condicionamentos Negativos e Construir
uma Vida mais Sadia e Feliz 91
    Sintonia Vibratória 92
    "Orai e Vigiai", disse o Cristo 93
Paz 95
Bibliografia 99

Introdução

Nem Castigo, Nem Perdão

O espírito encontra na própria fé o Cristianismo redivivo, estímulos novos para viver com alegria, pois, com ele, os conceitos fundamentais da existência recebem sopros poderosos de renovação.

A terra não é prisão de sofrimento eterno.
É escola abençoada das almas.
A felicidade não é miragem do porvir.
É realidade de hoje.
A dor não é forjada por outrem.
É criação do próprio espírito.
A virtude não é contentamento futuro.
É júbilo que já existe.
A morte não é santificação automática.
É mudança de trabalho e clima.
O futuro não é surpresa atordoante.
É conseqüência dos atos presentes.
O bem não é o conforto do próximo apenas.
É ajuda a nós mesmos.

Deus é eqüidade soberana, não castiga e nem perdoa, mas o ser consciente profere para si as sentenças de absolvição ou culpa ante as leis divinas.

Nossa conduta é o processo, nossa consciência, o tribunal.

Não nos esqueçamos, portanto, de que berço e túmulo são, simultaneamente, entradas e saídas em planos da vida eterna.

André Luiz
Psicografado por Chico Xavier

Evolução: A Lei da Vida

Evolução é desenvolvimento, progresso, movimento regular, transformação.

Quando falamos em evolução, vem à nossa mente a luz espiritual de algumas entidades ou uma longa e penosa escada que devemos subir para atingirmos o tão almejado reino dos céus.

Graças a doutrina espírita, hoje sabemos que o reino dos céus, ou até mesmo o inferno, é uma condição do nosso espírito, ou seja, o reino dos céus está dentro de cada um de nós em estado potencial.

Todas as qualidades que possamos imaginar estão dentro de nós, fazendo parte integrante do nosso ser.

Sendo assim, é fácil perceber que evolução é um processo de conscientização espiritual.

Evoluir é nos conscientizarmos do que somos na realidade, a expressão do amor de Deus, nosso Pai Criador.

Jesus quando se referiu ao reino dos céus, nos diz ser semelhante a um grão de mostarda que é a menor de todas as sementes, porém plantada e germinada, transforma-se na maior das hortaliças, a ponto de as aves do céu fazerem ninhos em seus galhos. Se observarmos, vamos verificar que todas as sementes trazem sua espécie em estado potencial.

Analisemos um simples grão de feijão. Podemos ver que ele traz dentro de si, em estado potencial, várias e várias sementes semelhantes.

Quando o observamos, é difícil perceber que isso é uma realidade, mas se plantarmos este mesmo feijão e esperarmos para que possa germinar, então o veremos nascer e produzir frutos, liberando neste desenvolvimento todas as suas potencialidades.

Um jovem raquítico que deseja desenvolver seus músculos, e resolve trabalhar para isso, entra numa academia de ginástica, passa a fazer exercícios disciplinadamente até conseguir, com espaço de meses ou anos, a musculação desejada.

Diante de nossos problemas temos a mania de nos autodesprezar. Quantas vezes não temos coragem de formular uma prece, porque achamos que Deus, Nosso Pai, ou Jesus não irá ouvi-las porque somos impuros, ou não merecemos as bênçãos do Alto.

Precisamos entender que Deus nos ama com amor infinito, independente de como estejamos, porque Ele sabe que as nossas inferioridades são resultantes de um processo de evolução, ou seja, de um processo de conscientização espiritual, e que chegaremos à meta para a qual fomos destinados.

Evolução, portanto, não é aumentar a nossa voltagem de luz, ou subir numa escada mística e imaginária. Evolução, é descobrir e conhecer o nosso mundo interior com todas as suas potencialidades para o bem, é descobrir que esse Deus, que muitas vezes procurávamos no infinito, está dentro de cada um de nós mantendo a nossa vida e o nosso ser.

André Luiz, em *Evolução em Dois Mundos*, na primeira parte, falando do fluido cósmico, nos diz: "O fluido cósmico é o plasma divino, hausto do Criador ou força nervosa do Todo-Sábio. Nesse elemento primordial, vibram e vivem constelações e sóis, mundos e seres, como peixes no oceano."
É interessante notarmos que as constelações, sóis, mundos e seres vivem no plasma divino como peixes no oceano. Ora, o peixe vive no oceano, para o oceano e pelo oceano, o que equivale a dizer que vivemos envolvidos pelo amor de Deus, Nosso Pai, como se fôssemos peixes no oceano. E é dentro desse Plasma Divino, dentro dessa providência divina que se processa o nosso desenvolvimento, a nossa evolução.

E para trilharmos esse caminho, essa trajetória, que chamamos de evolução, é indispensável não esquecermos o que Jesus nos ensina em João, cap. 14: 6: "Eu sou o Caminho, a Verdade e a Vida. Ninguém vem ao Pai senão por mim". Façamos dos ensinamentos de Jesus, nosso Mestre e Senhor, o nosso caminho, a nossa verdade que nos conduzirá à vida eterna.

Estejamos certos de que todos nós estamos na posição e na condição exata para o nosso bem, para a nossa evolução espiritual e cada dia é dia de crescer, de expandir o nosso ser, a nossa consciência pela lei do amor, única, que nos levará a edificar o reino divino em cada um de nós, a Lei de amarmos a Deus sobre todas as coisas e principalmente o nosso próximo.

Conscientização Espiritual

Diante dos problemas gerados pela vida, nos colocamos em posição inadequada diante da dor e do sofrimento e até da própria vida.

A finalidade da vida é a felicidade, o progresso e a luz. Todos nós, sem nenhuma distinção, fomos criados por Deus destinados à felicidade eterna e infinita. Já estamos conscientes de que evolução é um processo de conscientização espiritual, é descobrir as nossas potencialidades herdadas de Deus, a Fonte eterna de todos os bens.

Sempre surge a pergunta em todas as mentes: Qual a relação entre Deus e nós? Somos apenas um complexo biológico criado por Deus para uma existência limitada e vazia? Não é este o caso. Às vezes não temos a coragem suficiente para admitir a verdade, porque ela destruiria as nossas velhas e insuficientes, para não dizer irracionais, concepções de Deus e do homem.

Deus é a fonte eterna e inesgotável de todos os bens e todos vêm de Deus. Tudo que existe, está sob os cuidados do Pai.

Somos espíritos eternos, criados por Deus, destinados à felicidade e à perfeição. Fomos projetados pelo Pai no plano físico da existência para evoluirmos, adquirirmos consciência, e assim passarmos pelos reinos mineral, vegetal e animal; estamos no hominal e atingiremos o reino da luz, pois para isso existimos. Importa meditarmos na relação que existe entre Deus e nós. Nós somos meros complexos biológicos criados para embelezar a natureza. Somos a expressão do amor de Deus, nosso Pai. É chegada a hora de sentirmos a presença do Pai em nós mesmos e no nosso semelhante, porque todos nós vivemos envolvidos pelo amor de Deus como se fôssemos peixes no oceano.

E lembrando do amor do Pai para com Seus filhos, recordemos os ensinos luminosos do Mestre Jesus: "Qual dentre vós é o Pai que, se o filho lhe pedir pão, lhe dará pedra? Ou, se lhe pedir peixe, lhe dará uma serpente? Ora, se vós sabeis o que é bom para os vossos filhos, o que dizer de Deus, Pai de todas as criaturas?" (Mateus, 7: 7-11). Deus nos ama com amor infinito e eterno do jeito que estamos no momento, porque à medida que vamos evoluindo, eliminamos de nós as negatividades e as imperfeições e a luz do entendimento evangélico penetrará no nosso ser e nos purificará de todos os males.

Assim como herdamos caracteres genéticos dos nossos pais, herdamos de Deus as características divinas em nosso ser.

Repetindo o referido no Capítulo I, todas as qualidades divinas estão dentro de nós, fazendo parte integrante do nosso ser; o nosso trabalho consiste apenas em expressarmos aquilo que somos na realidade. Quando praticamos um ato de maldade ou desamor para com o nosso próximo, nos sentimos terrivelmente mal porque, em primeiro lugar, projetamos, ou melhor, criamos e projetamos em nosso próximo energias negativas contrárias àquilo que somos na realidade.

Por outro lado, estamos contrariando a lei do amor a Deus e ao próximo, e assim, a nossa própria natureza, usando os recursos que lhe são próprios, procura precaver o nosso ser por meio do sistema de alerta, que nós chamamos de dor e sofrimento; no entanto, precisamos nos conscientizar de que somos a expressão maior do amor do Pai, e se Deus é por nós o que será contra nós? Não é isso que dizemos constantemente?

Confiamos, às vezes, até demais, em nossos pais. Por que limitarmos a confiança no nosso Pai eterno e amoroso? Confiemos no amor que deu a existência e mantêm o nosso ser ativo para o amor e para a felicidade, e estejamos certos de que assim fazendo, a felicidade acompanhará os nossos passos para onde formos.

Confiemos no amor de Deus, nosso Pai, que é infinito e eterno.

Confiemos na nossa destinação que é a felicidade infinita e eterna.

A Lei do Amor

A lei que rege todo o Universo é a lei do amor e o nosso planeta Terra é regido por ele. Uma extensão da lei do amor é a lei de ação e reação, de causa e efeito. Tudo que existe é o Amor do Criador expressado e materializado. O amor é a essência da própria vida.

Quando praticamos um ato de desamor para com o nosso semelhante, sofremos as conseqüências desse ato e passamos a sofrer a reação dos nossos atos em nós mesmos. É a lei de ação e reação, de causa e efeito, que tem como finalidade essencial nos despertar para o fato de estarmos vivendo em discordância com a lei do amor.

A melhor maneira de remediar, ou melhor, de eliminar as nossas dores consiste em nos reeducarmos por meio de uma auto-análise profunda e viver em harmonia com as leis divinas, principalmente com a lei do amor.

O amor é essência da própria vida e, sendo assim, é o elixir procurado pelos antigos para manter a eterna juventude. "O amor cobre uma multidão de

pecados", ou seja, o amor rejuvenesce, dá vida, saúde, felicidade para quem vive na lei.

Dentro da nossa evolução cada um expressa o amor da forma em que se encontra. Assim existe o amor sensual, o amor carnal e o verdadeiro e puro amor, que é a lei que rege a criação.

Todos os seres expressam a capacidade de amar segundo a sua faixa de evolução, mas temos que considerar que sempre é o mesmo amor na tentativa e na espera para se expressar.

No início da sua evolução, o homem tem apenas instintos, mas à medida que vai atingindo novos graus evolutivos alcança as sensações, chega as paixões animalizadas, e vai melhorando os sentimentos até atingir a capacidade de expressar o amor.

E assim o amor é o sentimento no seu mais alto grau, na sua maior pureza, no seu refinamento.

É bom notarmos que as criaturas mais abjetas sentem amor por outras criaturas e expressam seus sentimentos.

Esse sentimento divino está presente em todas as criaturas e em todas as coisas, sendo diferente apenas a capacidade de perceber e expressá-lo.

Mas os fariseus, quando ouviram o que Jesus tinha feito, calaram a boca dos saduceus, juntaram-se em conselho e um deles, que era doutor da lei, sondando-o perguntou-lhe: "Mestre, qual o maior mandamento da lei?".

Jesus lhe disse: "Amarás ao senhor teu Deus de todo o teu coração e de toda a tua alma e de todo o teu entendimento; este é o primeiro mandamento e o segundo é semelhante ao primeiro: "Amarás o próximo como a ti mesmo" (Mateus, 22: 34-40). Estes dois mandamentos contêm toda a lei dos profetas.

"E assim, tudo o que quereis que os homens vos façam, fazei-o também vós a eles. Porque esta é a lei dos profetas". (Mateus, 11:12)

"Tratai todos os homens como quereríeis que eles vos tratassem." (Lucas, 1:31)

A lei de amor tem aplicação direta com a pessoa do nosso próximo. É totalmente impossível amarmos a Deus se não amarmos o próximo, e amar o próximo é fazer para os outros o que gostaríamos que eles nos fizessem, é desejar e praticar para os outros, o que desejaríamos para nós mesmos.

Amar o próximo é, acima de tudo, aceitar o nosso semelhante como ele é e como se apresenta, consciente de que todos nós somos filhos de Deus, alvo do mesmo amor, com a mesma sensibilidade e com o mesmo destino.

Devemos aceitar o próximo como ele é e se apresenta, consciente de que os nossos defeitos não fazem parte integrante de nós e que à medida que vivenciamos a lei de Deus, estamos eliminando do nosso ser todo ódio, negatividade e toda imperfeição. Amar o próximo é também desenvolver a capacidade de perdoar aqueles que nos ofendem a exemplo do próprio Cristo que nos Seus últimos instantes falou: "Pai, perdoai-lhes porque eles não sabem o que fazem".

É interessante observarmos que quando falamos da lei de amor, quando falamos em amor, já pensamos automaticamente em condições.

Amamos as pessoas que são prestativas e amorosas conosco.

Amamos as pessoas que podem acrescentar algo à nossa vida e repelimos aquelas que nada podem acrescentar.

Quando Jesus disse: "Vinde a mim todos vós que estais cansados e oprimidos e Eu vos aliviarei, tomai sobre vós o meu jugo e aprendei de mim que sou manso e humilde de coração, e achareis alívio para vossa alma;" (Mateus, 11: 28-30)... é interessante lembrarmos que trazemos do passado falsos valores, complexos sociais, políticos e religiosos e com isso construímos as nossas muralhas que nos separam do próximo.

No entanto, é o próprio Jesus que nos ensina em relação ao amor: "Amai-vos uns aos outros como Eu vos amei". Como nos ama Jesus? Será que Jesus impôs alguma condição para amar o próximo?

O Mestre Divino amou Madalena que era uma mulher adúltera e pecadora. Amou Zaqueu que era um avarento. Enfim Jesus amou e ama todos nós incondicionalmente, e é isso que devemos aprender, isto é, a amarmos sem distinções. Amar o próximo é nos colocarmos numa posição espiritual bem consciente, ou seja, sabermos distingüir uma personalidade temporária que erra, de um espírito eterno, expressão do próprio Deus do amor.

E, ainda, em relação ao próximo, é indispensável lembrarmo-nos da lei da caridade, que é filha dileta do amor. É importante a nossa caridade material, é importante o agasalho, o pão e abrigo, mas mais importante é a caridade que consiste em aceitarmos, respeitarmos uns aos outros como irmãos que somos, sem as barreiras dos falsos valores temporários.

Em relação à caridade, fruto do amor ao próximo é ainda Jesus que nos recomenda: "Tudo que fizeres ou deixares de fazer a um destes mais pequeninos, é a mim que o fazes". Quando amamos o próximo, sem dúvida alguma, amamos a Deus e quando desprezamos o próximo, é ao próprio Deus que nós desprezamos.

Portanto, sabemos que o amor é a solução ideal dos nossos problemas pessoais, familiares, sociais e solução ideal para o problema de toda a humanidade sofredora.

O único modelo, o modelo infalível para observarmos a maneira de vivenciar a lei do amor é o próprio Jesus.

A Lei de Ação e Reação

A lei que rege o Universo é a lei de amor. A lei de ação e reação, causa e efeito, é um desdobramento da lei de amor. Esta lei tem como finalidade despertar a nossa consciência espiritual em relação à lei divina, em relação a Deus e ao próximo. Tudo que fizermos para os outros, receberemos igualmente de volta. Mas é bom notar que a lei de ação e reação não tem a finalidade de causar dor, sofrimento e aflições.

A lei, em referência, é como se fosse um sistema de alerta avisando-nos de que não estamos vivendo em harmonia com as leis divinas, as leis naturais e com o próximo.

Todos vivemos subordinados à lei de amor, à lei de ação e reação, causa e efeito; assim sendo, até mesmo um simples pensamento que emitimos para alguém, nós o receberemos de volta, sofrendo as conseqüências necessárias para aprendermos a amar uns aos outros em pensamentos, emoções e atos de uma maneira espontânea e sadia.

Quantas vezes, diante de pessoas que nos ferem, passamos a emitir pensamentos negativos e desejos menos dignos para essas pessoas, e para nossa surpresa, em breves instantes, estamos com mal-estar e desequilibrados. Então vejamos o que acontece: por meio do pensamento desencadeamos a lei da sintonia vibratória, a lei que diz que os semelhantes se atraem. Pois bem. Por meio desses pensamentos de vingança e ódio, entramos em contato com mentes de encarnados e desencarnados que vibram constantemente como vibramos naquele momento de insanidade, nascendo assim os processos dolorosos de obsessão, vampirização e envolvimentos de baixo teor vibratório.

E é interessante notar que a culpa, neste caso, não é dos nossos irmãos menos conscientes que chamamos de obsessores.

O pensamento é energia plasmante.

Quando pensamos, plasmamos na nossa tela mental o quadro edificante ou menos digno que estamos construindo pela concentração mental.

Pois bem. Os espíritos desencarnados, que ainda vivem inconscientes da lei de amor, procuram esses quadros mentais menos edificantes para concretizarem seus ideais negativos, nascendo assim os processos obsessivos que tão bem conhecemos.

É importante estarmos devidamente conscientes de que todos os nossos pensamentos têm existência real no plano mental, e que, através da lei da sintonia vibratória, atraímos para junto de nós mentes encarnadas e desencarnadas que vibram no mesmo teor.

O que fazer então?

Diante de pessoas pelas quais não sentimos a verdadeira afeição, devemos recorrer à prece, porque a prece e a vibração sadia eliminam da nossa mente esses quadros menos edificantes, isentando-nos de problemas de ordem psíquica.

Assim como necessitamos da higiene física para a manutenção da saúde, precisamos, com maior intensidade, da higiene mental, conscientes dos ensinamentos do Cristo em relação ao amor e ao próximo.

"Amai-vos uns aos outros como Eu vos amei." (João, 13: 34-35)

Nós, criaturas em evolução, quando pensamos em amar, imediatamente pensamos em condições para amar alguém. Jesus, o nosso modelo único, nos ensinou, pelo exemplo, o contrário quando amou Madalena, uma prostituta e amou Zaqueu, um rico avarento que só pensava nas suas posses materiais.

Que nós possamos vivenciar os ensinamentos de Jesus, esforçando-nos para amar todas as criaturas nas condições em que estejam no momento, conscientes de que os nossos problemas, as nossas imperfeições, não fazem parte integrante de nenhum de nós, são apenas resultado da faixa evolutiva em que nos encontramos.

Por outro lado, lembremo-nos da recomendação de Jesus, que nos ensinou, com a devida exemplificação, do amor que devemos ter aos nossos inimigos.

"Amai os vossos inimigos." "Amai e orai pelos que perseguem e que vos caluniam". (Mateus, 5: 44-48)

Porque quando amamos os nossos inimigos, em primeiro lugar, estamos ampliando nossa consciência espiritual.

Os que nos ferem assim o fazem devido aos nossos atos menos dignos desta e de outras vidas passadas.

Além do mais, observemos o próprio Jesus: "Pai, perdoai-lhes porque eles não sabem o que fazem".

Perdoemos aos que nos ferem, oremos pelos que nos caluniam e nos perseguem, confiantes de que eles realmente não sabem o que fazem.

POR QUE SOFREMOS?

Já que estamos conscientes de que a lei que rege todos os mundos é a lei de amor, e que a lei de ação e reação é um desdobramento da lei de amor, e que todos os nossos pensamentos, emoções e atos que endereçamos ao nosso próximo retornará a nós com a mesma intensidade, é lícito admitir que todos os nossos sofrimentos físicos, morais ou espirituais são resultado das nossas transgressões às leis naturais.

Observemos como a própria vida nos ensina. Quando abusamos da nossa capacidade estomacal, ficamos doentes. Digamos que vamos a um restaurante numa determinada quarta-feira e pedimos o prato do dia, ou seja, uma suculenta feijoada.

Se comemos uma feijoada, vamos nos sentir muito bem alimentados, dispostos e com bom ânimo. Porém, se comermos duas feijoadas ao mesmo tempo, teremos uma grande indigestão, desarranjos intestinais e naturalmente problemas hepáticos, e é aí que devemos raciocinar: "A culpa foi da feijoada, com seus temperos e ingredientes exóticos ou a culpa foi do nosso organismo?".

O problema foi derivado da nossa falta de bom senso, da nossa irresponsabilidade, ou melhor, da nossa transgressão a uma lei natural, ou seja, a capacidade estomacal.

Por outro lado, observemos os problemas morais. Quantas vezes nós, com os nossos interesses egoísticos, passamos à frente dos interesses coletivos? Quantas vezes burlamos a nossa própria consciência para fazermos prevalecer os nossos interesses? Quantas vezes somos levados à ruína financeira e, conseqüentemente, à ruína moral, devido à nossa falta de prudência e à nossa falta de planejamento no que se refere a aquisições materiais?

Não devemos culpar a quem quer que seja pelos nossos problemas. Os fracos têm sempre uma desculpa plausível para os seus dissabores. Uma hora é fulano ou beltrano, em outra é a sociedade, o mundo, ou até mesmo Deus.

Analisemos agora o problema espiritual. É certo que trazemos do passado desafetos, mas o mais provável é que construímos nesta vida atual os nossos "inimigos". Sabemos como funciona a lei de ação e reação, de causa e efeito. Sabemos que até mesmo um simples pensamento que emitimos para alguém, nós o receberemos de volta.

O homem é exatamente aquilo que pensa que é.

Se cultivamos pensamentos de amor, de paz e felicidade, é certo que atrairemos o amor, a paz e a felicidade.

Se, por outro lado, cultivamos pensamentos de ódio, de rancor e de infelicidade, é certo que estas qualidades nos acompanharão como o carro de boi acompanha os próprios bois.

Além do mais, os espíritos desencarnados conhecem os nossos pensamentos e aderem a esses quadros mentais, nascendo daí os problemas aflitivos de obsessão e outros problemas psíquicos.

Portanto, devemos sempre lembrar que nós somos os arquitetos do nosso próprio destino. Deus, nosso Pai, ao nos criar concedeu a todos nós, indistintamente, o maior dom, a maior prova de amor, que é o livre-arbítrio.

"A cada um segundo as suas obras", dizia o Mestre Jesus. Portanto, tenhamos coragem de recorrer a uma auto-análise e admitir os nossos próprios erros e a nossa própria infelicidade como resultado das nossas transgressões às leis de Deus, sem colocar a culpa em ninguém.

Quando vivemos em harmonia com as leis de Deus, estamos isentos de todo e qualquer problema físico, moral ou espiritual.

A maioria das pessoas diz que o planeta Terra é um vale de lágrimas e de dores e é exatamente assim para quem assim o quer. Se quisermos podemos transformar a nossa vida num mar de alegria e felicidade, porque afinal já derrotamos a própria morte, já sabemos, por meio da doutrina espírita, que a morte é apenas o abandono do corpo físico já gasto e imprestável.

É sempre bom lembrar que Jesus, apesar de conhecer as nossas limitações, nos diz: "Vós sois deuses e podereis fazer as mesmas obras que Eu faço e ainda maiores".

Tenhamos certeza de que a felicidade não está fora de nós, mas ao contrário, está dentro de cada um de nós, ao nosso alcance, ao alcance de todos, porque a felicidade é o resultado da vivência em harmonia com as leis de Deus.

Orai e Vigiai

"Orai e vigiai para não cairdes em tentações", recomenda o Mestre Jesus.

É bom verificar que as tentações não estão nas esquinas das ruas ou em determinadas pessoas, mas, sim, dentro de cada um de nós, pois assim disse o Mestre: "Orai e vigiai", demonstrando que as tentações são resultado da nossa falta de oração e vigilância.

Verifiquemos a prece. Orar é entrar em sintonia vibratória perfeita com o plano superior da vida e de lá, através de um ato reflexo, recebermos as energias de que necessitamos para as soluções dos nossos problemas.

Quantas vezes formulamos as nossas preces, formulamos pedidos e não somos devidamente atendidos?

Cumpre observar que Deus, a Divina Providência, não atende pedidos egoísticos e pessoais. Para termos as nossas preces integralmente atendidas, é necessário lembrar que somos todos irmãos, que a humanidade é uma família e que Deus é nosso Pai. Quando estivermos diante de algum problema pessoal ou familiar, verifiquemos que existem milhares de famílias com os mesmos problemas, e se formularmos as nossas petições de maneira humanitária, receberemos nossa parte.

Jesus nos ensina que tudo que pedirmos por meio da prece, se tivermos fé, haveremos de receber.

Ora, fé é a vontade de querer, mas a vontade de querer o melhor para nós e para os outros. Fazemos a prece dominical, ou seja, o Pai-Nosso, às vezes de uma maneira mecânica sem nenhum resultado edificante, mas, se pararmos para analisar, verificamos que em primeiro lugar dizemos: "Pai Nosso", e assim reconhecemos a Deus como Pai de todas as criaturas da Terra e de outros mundos, reconhecemos também a todos nós como irmãos.

Em seguida, dizemos: "Seja feita a Tua vontade".

Só Deus realmente tem condições de analisar os nossos pedidos e suas respectivas conseqüências.

E, continuando, rogamos: "Perdoa as nossas ofensas assim como nós perdoamos aqueles que nos têm ofendido".

É lógico que estamos impondo a nós mesmos a lei de ação e reação. Estamos pedindo ao Todo-Poderoso que perdoe as nossas faltas se perdoarmos aos que nos ofendem, ou seja, pedimos para que se cumpra em nós a lei universal de Causa e Efeito.

É chegada a hora de percebermos que Deus, Nosso Pai, não está interessado em "salvar" apenas uma parte da humanidade e sim todas as criaturas.

Oremos e vigiemos, ou seja, façamos da prece a bússola que nos orientará em todos os atos da nossa vida.

Vigiemos para verificar se estamos aplicando na nossa vida os ensinamentos evangélicos do Cristo Redentor.

A prece nos livra de todos os males. Quando oramos aumentamos o nosso padrão vibratório, elevamos a nossa mente às alturas espirituais e nos colocamos fora do alcance das perseguições e de tentações menos dignas que ainda abrigamos em nosso ser.

Por meio da vigilância, que consiste numa autoanálise, estudamos os nossos pensamentos, as nossas emoções, os nosso atos e procuramos pautar a nossa vida segundo as leis do amor.

Nunca nos coloquemos na posição negativa de achar que devido à nossa imperfeição e que devido aos nossos erros, o Pai não escutará as nossas preces, nunca.

Conscientizemo-nos de que Deus conhece o móvel dos nossos erros e dos nossos desacertos, e que Ele nos ama com amor infinito e eterno independente da condição em que estejamos no momento.

E formulemos as nossas preces de maneira humanitária e fraternal e assim alcançaremos o nosso objetivo, que é a conscientização espiritual para nosso benefício e de toda a humanidade.

Quando chegarmos ao fim do nosso dia, saibamos fazer as nossas preces de agradecimento pela bênção de sermos e existirmos, pela bênção da reencarnação, pela bênção do trabalho e pela bênção do dia.

E peçamos a Deus Sua bênção a toda a humanidade, a nossa família universal, e mais importante, antes de nos entregarmos ao sono reparador, analisemos os nossos atos, o nosso comportamento, e os nossos relacionamentos.

Estão em harmonia com as leis de Deus?

Estão em desarmonia?

Onde devo melhorar?

Onde devo mudar?

Tudo isto constitui bases para aplicarmos seguramente os ensinamentos de Jesus: "Orai e vigiai".

FINALIDADE DA REENCARNAÇÃO

Uma das maiores bênçãos que recebemos da Divina Providência é a reencarnação. O nosso destino espiritual é atingir a perfeição em todos os sentidos e só o alcançaremos através de vidas sucessivas, por meio das quais vamos despertando em nós as qualidades divinas que possuímos como herança do nosso Criador. Mas geralmente nós, espíritas, achamos que a finalidade da reencarnação é apenas sofrermos com resignação.

É certo que todos nós pagamos as nossas dívidas com as leis divinas. Mas este pagamento processa-se em prestações infinitamente pequenas, a ponto de nem percebermos o pagamento.

Por outro lado, adquirimos a mania infeliz de atribuir os nossos males a erros de encarnações passadas, quando talvez o motivo das nossas aflições encontra-se exatamente na maneira errônea de vivermos transgredindo as leis divinas nesta vida: é o que o *Evangelho Segundo o Espiritismo* divide em causas atuais das aflições. Não resta nenhuma dúvi-

da de que temos erros no passado, mas nesta encarnação, pela misericórdia divina, esquecemos o nosso passado tenebroso, e recomeçamos tudo como se fosse a nossa primeira chance de evolução. Pois bem, esqueçamos o ontem e preocupemo-nos com o agora que é mais importante e trabalhemos ativamente para viver em harmonia com as leis divinas, amando a Deus sobre todas as coisas e principalmente amando a Deus no nosso próximo, porque assim fazendo, estaremos eliminando de nós todo o mal, negatividade e imperfeição.

Qual a finalidade da reencarnação? Sofrer? Pagar os pesados débitos do passado? A finalidade essencial da reencarnação é evoluir, é crescer. É nos conscientizarmos do que somos, na realidade, filhos de Deus, destinados à felicidade e à perfeição. A finalidade da reencarnação, além de ser um período no qual pagamos débitos do passado de maneira suave, é uma maneira eficiente de contermos a força animalesca que ainda existe em nós.

O que todos nós precisamos é nos conscientizar de que a reencarnação é uma das maiores bênçãos que possuímos e utilizarmos o nosso tempo atual para planejarmos a nossa vida, alcançando objetivos mais altos, para a edificação do reino dos céus que consiste em amarmos a Deus e ao próximo.

Portanto, já estamos plenamente conscientes de que todos os nossos sofrimentos físicos, morais e espirituais são resultantes das nossas transgressões às leis de Deus. Se vivermos em harmonia com as leis divinas estaremos isentos de dor e sofrimento e viveremos felizes.

Já estamos conscientes da finalidade essencial da reencarnação que não é apenas pagar os nossos débitos do passado, mas acima de tudo de evoluir e saber que evolução é um processo natural de conscientização espiritual.

Começamos a nossa evolução em reinos inferiores da natureza e hoje atingimos a razão. O bom senso nos adverte de que todas as qualidades divinas estão ao nosso alcance porque estão dentro de cada um de nós, e o nosso trabalho consiste exatamente em viver expressando aquilo que somos na realidade, ou seja, espíritos capazes de criar, por meio da vivência em harmonia com as leis divinas, a felicidade real e permanente aqui e agora.

No *Livro dos Espíritos*, lemos que: "A marcha dos espíritos é progressiva, jamais retrógrada". Sempre crescemos, sempre evoluimos, temos consciência do que é melhor, sempre avançamos em direção à luz, em direção à realização do reino de Deus em nosso próprio ser, em benefício de toda a humanidade.

Que fique bem clara em nossa mente a finalidade da existência neste plano físico do planeta Terra. Não estamos aqui para simplesmente gozar dos prazeres fúteis da vida, nem para fazer "piqueniques", mas sim, para trabalhar conscientemente, eliminando de nós as negatividades e as imperfeições, orando, estudando e trabalhando para crescer e desenvolver as nossas qualidades divinas, para que o bem se expanda e para que a vontade de Deus, nosso Pai, se realize em nós.

Caminhemos sob a direção do Mestre Jesus, confiantes de que chegaremos ao destino para o qual nos criou, mas façamos a nossa parte conscientes de que a lei é: "Ajuda-te e o céu te ajudará".

HIGIENE FÍSICA E ESPIRITUAL

Assim como necessitamos de higiene física minuciosa para manter o equilíbrio orgânico que chamamos de saúde, necessitamos igualmente e mais ainda da higiene espiritual para manter o nosso equilíbrio espiritual que sabemos ser determinante, inclusive, da saúde física.

Se abandonarmos os nossos trabalhos de higiene, transformaremos em pouco tempo o nosso corpo num celeiro de micróbios e doenças diversas. Assim também acontece com a nossa mente. Se não higienizarmos a nossa mente e o nosso coração, atrairemos para nós mesmos toda a infelicidade que possamos imaginar.

O homem é exatamente aquilo que pensa e nunca é demais repetir isso.

Já observamos na nossa vida a todo instante as criaturas se transformarem exatamente naquilo que pensam em relação a si mesmas; é lógico, principalmente no sentido moral e espiritual.

Nunca devemos nos esquecer da lei universal de que os semelhantes se atraem. Pois bem, quando pensamos em amor, paz e equilíbrio, atrairemos para junto de nós, mentes encarnadas e desencarnadas que vivem e pensam exatamente como nós. Por outro lado, se cultivarmos pensamentos negativos de ódio, rancor, inveja e infelicidade, a lei funcionará da mesma maneira e atrairemos para junto de nós mentes encarnadas e desencarnadas que vibram no mesmo teor nascendo daí o fenômeno doloroso que conhecemos como obsessão, ou seja, a troca de valores, a troca de sensações, em regime de vampirização do encarnado.

Quando o Mestre Jesus nos recomenda para orar e viajar para não cairmos em tentações, não significa que a tentação esteja na esquina ou em uma determinada criatura encarnada ou desencarnada, mas que está na ligação que podemos fazer com o bem ou o mal, para a nossa felicidade ou infelicidade.

Portanto, devemos dar muita e muita atenção à higiene mental, à higiene espiritual; e como vamos realizar esta tão necessária higiene mental? Por meio da realização da nossa reforma íntima, que consiste, acima de tudo, na mudança dos nossos pensamentos negativos e sombrios por pensamentos positivos e luminosos em relação a nós mesmos e principalmente em relação às outras pessoas, independente de mérito ou demérito de cada uma, visto que a lei que rege o nosso comportamento é a lei do amor, a lei da caridade, de respeito e de tolerância absoluta. No final de cada dia, deve o cristão inteligente, fazer uma auto-análise sobre os pensamentos que cultivou durante o dia, e aproveitar para se harmonizar com a lei de amor, emitindo pensamentos e ações positivas e luminosas em favor de toda a humanidade e, principalmente, em favor dos nossos desafetos, relembrando a recomendação do Cristo: "Amai até mesmo aos vossos inimigos".

"O amor cobre uma multidão de pecados". A luz dissipa, elimina as trevas. Um pensamento positivo elimina milhares de negativos e evita muitos males.

O cristão consciente é aquele que está sempre consciente do maior bem que Deus nos concedeu que é o livre-arbítrio. É aquele que sabe que ele próprio é o criador do seu destino pelos pensamentos e atos.

O cristão real é aquela criatura que trabalha ativamente para hoje estar melhor que ontem e programa seu futuro de maneira que amanhã estará bem melhor do que hoje, cultivando sempre o bom ânimo, a fé e o amor por meio de pensamentos sadios e luminosos em benefício de toda a humanidade.

Realizemos com Jesus a nossa higiene mental e espiritual.

A higiene mental consiste em cultivarmos pensamentos positivos, eliminando os negativos. A higiene espiritual consiste em eliminarmos de nós todo mal, toda negatividade e imperfeição, vivendo em plena harmonia com a lei de amor. Amar a Deus sobre todas as coisas e amar o próximo, é a solução dos nossos problemas e a higiene do coração, que todos nós necessitamos para manter o nosso equilíbrio e a nossa felicidade.

    Vamos, a partir desse instante, emitir pensamentos positivos em favor de todas as criaturas.

Reforma Íntima

A doutrina espírita sempre prega a necessidade imperiosa de realização da reforma íntima. Mas o que é a reforma íntima? Muitos responderiam que é a eliminação de vícios e defeitos prejudiciais que impedem a nossa evolução espiritual.

Acontece que quando pensamos em reforma íntima, já pensamos numa lista infindável de vícios e defeitos, e empregamos energia para combatê-los. Porém é interessante admitir que ficamos mais presos aos defeitos e vícios à medida que trabalhamos para eliminá-los. É que, inconscientemente, nós os alimentamos e fortalecemos em vez de enfraquecê-los e eliminá-los.

Quando nos concentramos nos nossos defeitos, nós os alimentamos, nós lhes conferimos energias novas e eles dificilmente são eliminados.

A reforma íntima consiste acima de tudo na reforma dos nossos pensamentos.

Já conhecemos o efeito da lei da sintonia vibratória. Sabemos que quando pensamos, nos ligamos de maneira automática com mentes encarnadas e desencarnadas que vibram e pensam como nós, nascendo assim uma união entre duas mentes, sendo benéfico ou maléfico de conformidade com o seu teor.

Sabemos também do efeito dos nossos pensamentos na saúde física e espiritual.

Falamos em capítulo anterior de como os pensamentos afetam a nossa renovação celular positiva ou negativamente falando; pois bem, reforma íntima consiste em renovarmos os nossos pensamentos.

Consiste em substituirmos os pensamentos negativos por pensamentos positivos. O homem é exatamente aquilo que pensa. Se pensarmos positivamente é certo que teremos saúde e equilíbrio cada vez maiores. Mas, por outro lado, se pensarmos negativamente, seremos doentes e desequilibrados.

Portanto, é lógica a necessidade imperiosa da reforma íntima, ou seja, substituirmos pensamentos negativos por pensamentos positivos e luminosos.

É interessante notar mais uma vez que a lei que rege os universos e todos os seres é a lei de amor, e que a lei maior consiste em amarmos a Deus sobre todas as coisas e principalmente amarmos a Deus no nosso próximo.

Devemos também ter pensamentos positivos e luminosos em relação ao nosso próximo.

Projetamos nos outros aquilo que somos. Se pensarmos negativamente em relação a determinada pessoa, sem dúvida que este pensamento negativo irá nos atingir em primeiro lugar. Amando, seremos amados.

Quanto mais enviarmos pensamentos positivos para todas as criaturas, mais atrairemos paz, saúde, felicidade para nós mesmos. O cristão autêntico é a criatura que, por meio do trabalho incessante da reforma íntima, procura hoje estar melhor do que ontem e planeja a sua vida para que amanhã esteja melhor do que hoje e, assim, sucessivamente.

Portanto, reforma íntima consiste em substituirmos pensamentos negativos por pensamentos positivos e luminosos em relação à nossa própria pessoa e, principalmente, em relação ao próximo. Consiste em substituirmos valores antigos e transitórios por valores reais, trocar o homem velho que existia dentro de nós pelo homem novo.

Consiste em cultivar o amor a caridade, a colaboração fraterna em todos os níveis, em praticarmos a caridade sem distinção, em amar o próximo, conscientes de que quando amamos o próximo, amamos ao próprio Deus, e, finalmente, em despertarmos a nossa consciência a ponto de percebermos que a humanidade é uma família, a família de Deus e assim desenvolvermos o sentimento de fraternidade universal.

Jesus nos diz: "Mas Eu vos digo: Amai os vossos inimigos, faze o bem aos que vos têm ódio e orai pelos que vos perseguem e caluniam, para serdes filhos do vosso Pai que está nos céus, o qual faz nascer o seu Sol sobre bons e maus e vir chuva sobre justos e injustos. Porque se vós não amais senão os que vos amam, que recompensa haveis de ter? Não fazem os publicanos também o mesmo? E se vós saudardes somente os vossos irmãos, que fazeis nisso de especial? Não fazem também assim os gentios? Sede vós logo perfeitos, como também vosso Pai Celestial é perfeito". (Mateus 5:44-48)

A perfeição espiritual consiste em amarmos o que nos odeiam e os que nos caluniam, porque amando essas criaturas, estaremos fora da faixa do ódio que elas emitem, além de construirmos a nossa paz e incentivarmos a criatura a se regenerar, porque só o amor elimina o ódio. Só o amor é a solução dos nossos problemas.

Jesus é o nosso modelo, é aquele exemplo que devemos imitar.

O Evangelho é o roteiro que devemos seguir para a realização da nossa reforma íntima.

Eliminemos de nós todos os vícios. Eliminemos de nós todo mal, toda negatividade e toda imperfeição, para que a presença de Deus em nós possa brilhar e beneficiar toda a humanidade.

A finalidade da realização da reforma íntima é nos capacitarmos para viver uma vida mais equilibrada e consciente, e assim trabalhar para a edificação do reino dos céus em todos os corações.

Jesus sempre nos abençoa. Mas é bom lembrar que a lei evangélica é: "Ajuda-te e o céu te ajudará".

Façamos a nossa parte, certos de que a providência divina nos ampara em todos os instantes da nossa vida.

Cultivemos o amor, a caridade e a fraternidade.

Cultivemos pensamentos positivos e luminosos em benefício de todas as criaturas e assim seremos felizes.

BEM-AVENTURADOS OS POBRES DE ESPÍRITO

"Bem-aventurados os pobres de espírito, porque deles é o reino dos céus" (Mateus, 5:3).

Por pobres de espírito, Jesus não entende os tolos, os retardados mentais, mas os humildes, e diz que o reino dos céus é para eles.

Precisamos analisar o que é ser humilde.

Será que a humildade consiste em assumirmos uma posição adequada aos santos e uma face de beatitude? Não e não.

A humildade é filha da consciência espiritual desperta.

A humildade consiste, acima de tudo, em entendermos que só Deus é a fonte inesgotável de todos os bens e de todas as virtudes que possamos imaginar. O homem é apenas administrador mais ou menos fiel e digno dos bens divinos. Consiste em reconhecermos que todos somos iguais perante Deus, nosso Pai, que todos temos o mesmo destino, que é a felicidade, com as mesmas oportunidades.

O orgulho cegou o homem e o impede de reconhecer seus irmãos. O homem se esqueceu de Deus e divinizou-se a si mesmo com a medida das suas próprias limitações e, através do tempo criou barreiras ideológicas, valores distorcidos para que pudesse diferenciar-se de outras criaturas consideradas indignas da sua igualdade.

Achávamos que os nossos irmãos de cor eram gente inferior e os escravizamos. Achávamos que as raças eram privilegiadas em proporção à sua origem.

No entanto, agora que o Evangelho de Jesus nos chega à luz da doutrina espírita, precisamos tirar a poeira do nosso ser, a poeira milenária dos antigos valores e perceber que formamos uma família, e que Deus, nosso Pai, é o sustentador desta família em todos os sentidos.

Precisamos eliminar de nós as limitações de países, de ideologias e avançar rumo à fraternidade universal.

Quando Jesus diz: "Bem-aventurados os pobres de espírito, porque deles é o reino dos céus" (Mateus, 5: 3), realmente não se refere aos orgulhosos, que se consideram deuses, acima do próprio Deus, mas se refere às mentes luminosas, que se preparam para uma nova era da humanidade. Ele se refere àqueles que sabem e sentem que Deus é Nosso Pai, que todos somos alvo do mesmo amor do Criador, que todos temos o mesmo destino, ou seja formarmos uma família universal.

Feliz e bem-aventurada é a criatura que ultrapassa os limites da sua própria limitação e lança o seu amor em direção aos universos, visto que a humanidade inteira não se acha presa só ao planeta Terra.

Bem-aventurados os humildes, ou seja, os que amam indistintamente, os que perdoam, os fraternos, porque serão ricos de felicidade e de paz.

O Consolador

"Vinde a mim, todos os que andam em sofrimento e vos achais carregados, Eu vos aliviarei. Tomai sob vós o meu jugo, e aprendei de mim, que sou manso e humilde de coração, e achareis descanso para as vossas almas. Porque o meu jugo é suave e o meu fardo é leve" (Mateus, 11: 28-30).

Todos os sofrimentos e todas as dores encontram consolação no Evangelho de Jesus, na Boa Nova do Cristo.

Jesus veio nos dizer que a nossa destinação é a felicidade eterna e infinita, que Deus nos ama com amor infinito e eterno, apesar das nossas condições atuais que são passageiras.

Jesus nos ensina com suprema doçura que as nossas aflições serão eliminadas do nosso ser. No entanto, o Mestre nos impõe uma condição, a condição de vivermos em harmonia com as leis divinas, para que assim possamos ser os arquitetos de nossa própria felicidade.

O jugo de Deus é o jugo do amor, e esse jugo é leve, é suave, é refrescante e restaurador de todas as forças do espírito humano.

Às vezes, achamos que Jesus se esqueceu de nós, quando, na realidade, fomos nós que esquecemos de Jesus. Por isso, Ele nos diz: "Vinde a mim todos que andais em sofrimento e dor...". E quem de nós não têm sofrimentos e alguma dor?

Para conseguir alívio para as nossas dores precisamos ir ao encontro de Jesus e aprender com Ele a lição do amor e da caridade, a lição do bem viver para atingir a felicidade tão almejada por todos nós.

Nos momentos de suprema dor e sofrimento, tenhamos a coragem de ir ao encontro do Mestre dos mestres, porque só Ele tem a solução ideal e definitiva dos nossos problemas.

O Mestre nos recomenda: "Se me amais, guardai os meus mandamentos...". E quais são os mandamentos do Mestre? Amar a Deus sobre todas as coisas e amar o próximo como a nós mesmos. Ser indulgentes para com as faltas alheias, perdoar infinitamente aqueles que nos ofendem e que nos caluniam, orar por aqueles que nos querem mal, praticar a caridade pura, a caridade real, respeitar as criaturas como elas se apresentam aos nossos olhos.

Confiemos no amor de Deus, nosso Pai.

Somos eternos, e o nosso destino é a felicidade.

Tenhamos coragem, tenhamos fé, porque afinal já derrotamos o nosso maior inimigo que é a morte.

Sabemos, graças ao Consolador prometido, que é o Espiritismo, que a vida continua para além do túmulo, que o nosso caminho evolutivo é eterno, e que um dia, com o amparo amoroso de Jesus, chegaremos à bem-aventurança, prometida aos eleitos, ou seja, àqueles que trilharem o caminho da redenção, o caminho da evolução e da conscientização espiritual. Jesus continua de braços abertos nos esperando para nos envolver com seu doce e santo amor.

Vamos ao encontro de Jesus: agora!

Bem-aventurados Sois

"Bem-aventurados os que choram porque serão consolados, bem-aventurados os que têm fome e sede de justiça, porque serão fortes, bem-aventurados os que padecem perseguição por amor da justiça, porque deles é o reino dos céus" (Mateus, 5: 5-6 e 10).

"Bem-aventurados os pobres, porque vosso é o reino de Deus. Bem-aventurados os que agora tendes fome, porque sereis fartos, bem-aventurados vós, que agora chorais, porque rireis" (Lucas, 6: 20-21).

Somos espíritos eternos, criados por Deus, nosso Pai, destinados à felicidade e à perfeição, somos regidos pela lei do amor.

E uma extensão da lei do amor é a lei de ação e reação, causa e efeito. Quando fomos criados por Deus, fomos projetados a reinos inferiores da natureza, com a finalidade de evoluirmos, e assim passarmos pelos reinos mineral, vegetal e animal e agora pelo reino hominal.

Neste caminho evolutivo para fins de aprendizagem e para aprendermos o uso devido do livre-arbítrio, vivemos em discordância com as leis divinas, e construímos carmas, ou seja, conseqüências dos nossos atos, ou melhor, reação das nossas ações, e assim sofremos.

Já estamos conscientes de que Deus é Pai, e não castiga os Seus filhos.

Nós somos arquitetos do nosso próprio destino. Se vivermos em harmonia com as leis divinas estaremos isentos de sofrimentos e dores. Se, por outro lado, vivermos em discordância com as leis divinas, sofreremos. Fácil é perceber que todos os nossos sofrimentos são resultantes das nossas transgressões às leis divinas e naturais.

As nossas aflições, os nossos sofrimentos têm, portanto, uma causa justa, pois Deus é justiça, se sofremos é porque merecemos. E se não encontramos a causa das nossas dores nesta vida, podemos situá-las nas vidas passadas, visto que só agora estamos nos esforçando para viver em conformidade com a lei do amor.

Quando sofremos, esquecemos da realidade do nosso ser e achamos que os nossos problemas, as nossas dores são infindáveis e insolúveis, esquecendo que somos espíritos eternos, trilhando o caminho da evolução espiritual.

À medida que vamos nos conscientizando do que somos na realidade, vamos eliminando do nosso ser, naturalmente, todo mal, negatividade e imperfeição e vamos conquistando o direito da felicidade eterna. Esta é a razão pela qual Jesus nos diz: "Bem-aventurados os esfomeados, os injustiçados, os infelizes, os que choram porque eles serão consolados e atingirão a felicidade eterna". É que Jesus sabe que os nossos defeitos, as nossas imperfeições, são temporárias. Não fomos criados destinados à dor e ao sofrimento. A dor é um sistema de alerta, dizendo para nós que estamos vivendo em discordância com a lei do amor, mas a partir do momento em que vivermos em harmonia com a lei, estaremos isentos e seremos felizes, porque para isto fomos criados e para isto existimos.

Bem-aventurados os que sofrem, porque por meio do sofrimento, aprendemos a lei do amor. Pela dor aprendemos a divina lição das leis que regem os nossos destinos em todos os mundos e em todos os universos.

Jesus nos ensina claramente que as nossas dores e sofrimentos são temporários. Sofremos com justiça, porque nós mesmos fabricamos os nossos dissabores, porém eles desaparecerão à medida que nos conscientizarmos e vivermos em harmonia com as leis divinas e as lei naturais.

Bem-aventurados Os que Têm o Coração Puro

Para atingirmos a pureza de coração é necessário trabalhar para realizar a nossa reforma íntima que, como já falamos, consiste acima de tudo em substituirmos os nossos pensamentos negativos por pensamentos positivos e luminosos em relação a nossa própria pessoa e, principalmente, em relação às outras criaturas. Consiste em reaver os nossos valores e eliminando os valores antigos e transitórios.

Jesus nos ensina: "Conhecereis a verdade e a verdade vos libertará". A verdade evangélica liberta-nos de todos os complexos sociais, políticos e religiosos que trazemos de passado milenar e que hoje impedem a nossa marcha evolutiva para planos mais altos da vida.

A pureza de coração é a consciência de que todos nós somos iguais perante Deus, de que todos nós temos a mesma destinação, as mesmas potencialidades e chegaremos todos nós a realizar, mais dia, menos dia, o reino divino em nosso íntimo para a felicidade de todas as criaturas.

A vida nos ensina lições simples e preciosas. Todos os homens são interdependentes, ou seja, todos dependemos uns dos outros. Que seria do engenheiro ou do nobre arquiteto, se não fosse a simplicidade e a rudeza do pedreiro?

O engenheiro é potente para projetar, para idealizar uma construção, mas o pedreiro com sua simplicidade é o elemento concretizador da idéia.

Que seria do produto industrializado se não fosse o operário?

E que seria do abastado se não fossem as mãos rudes, simples e providenciais do agricultor que cultiva as hortaliças, as frutas, os legumes, etc.?

Quis Deus que necessitássemos uns dos outros para aprendermos esta lição de uma maneira fácil, suave e delicada e para isso nos deu lições divinas da lei do amor, por meio do nosso Mestre Jesus.

Mas se formos intransigentes, estaremos desencadeando a lei auxiliar do amor que é a lei de ação e reação, de causa e efeito.

Se não aprendermos pelo amor, pela boa vontade, é certo que aprenderemos pela da dor.

Que Jesus nos conceda a força, a coragem e a energia necessária para vivermos em conformidade com as leis evangélicas e em harmonia com a lei universal do amor para construirmos o reino dos céus, tão esperado por todas as criaturas da Terra.

Transcrevemos a seguir instruções dos espíritos que têm como título: "Deixai que venham a mim as criancinhas", cap. 8 do *Evangelho Segundo o Espiritismo*, de Allan Kardec.

Disse o Cristo: "Deixai que venham a mim as criancinhas". Profundas em sua simplicidade, essas palavras não continham um simples chamamento dirigido às crianças, mas também às almas que gravitam nas regiões inferiores, onde o infortúnio desconhece a esperança. Jesus chamava a si a infância intelectual da criança formada, os fracos, os escravizados e os viciosos.

Ele nada podia ensinar à infância física, presa à matéria, submetida ao jugo do instinto, ainda não excluída na categoria superior da razão e da vontade que se exercem em torno dela e por ela.

Queria que os homens a ele fossem, com a confiança daqueles entezinhos de passos vacilantes. Submetia assim as almas à sua terna e misteriosa autoridade. Ele foi o facho que iluminou as trevas, claridade matinal que toca o despertar.

Foi o iniciador do Espiritismo, que a seu tempo atrairá para ele as criancinhas, e os homens de boa vontade também.

Está empenhada a ação viril. Já não se trata de crer instintivamente, nem de obedecer maquinalmente. É preciso que o homem siga a lei inteligente que lhe revela a sua universalidade.

"Meus bem-amados, são chegados os tempos em que, explicados, os erros se tornarão verdades. Ensinar-vos-emos o sentido exato das parábolas e vos mostraremos a forte correlação que existe entre o que foi e o que é. Digo-vos em verdade: a manifestação espírita alarga os horizontes e aqui está seu enviado,

que vai resplandecer como o sol no cume dos montes". (João Evangelista/Paris: 1663).
"Bem-aventurados os que têm o coração puro, porquanto verão a Deus." (Mateus, 5: 8)
Apresentaram-lhe então algumas crianças a fim de que elas o tocassem e como seus discípulos afastavam com palavras ásperas os que lhes apresentavam, Jesus vendo isso, zangou-se e lhes disse: "Deixai que venham a mim as crianças e não as impeçais, porquanto o reino dos céus é para os que se assemelham. Digo-vos em verdade, que aquele que não receber o reino de Deus como uma criança, nele não entrará". E depois de as abraçar, abençoou-as, impondo-lhes as mãos (Marcos, 10: 13-16).

Jesus nos diz que o reino dos céus pertence aos puros de coração. E vai mais além quando diz que para ganharmos o reino dos céus temos que nos transformar em crianças, ou melhor, nos assemelharmos à elas.

Sabemos, por meio da doutrina espírita, que a criança é um espírito reencarnado e, embora possuindo um corpo frágil, é um espírito com inúmeras experiências positivas e negativas e se encontra como nós no plano físico para evoluir, ou seja, para despertar sua consciência espiritual.

A divina providência permite que o espírito reencarnado não expresse suas experiências passadas, para não impedir o seu desenvolvimento. Sendo assim, a criança é uma folha de papel em branco na qual os pais, os professores e seus responsáveis vão imprimir as qualidades positivas e trabalhar com afinco para eliminar as negatividades e tendências negativas, para permitir ao espírito nova caminhada no estreito caminho do aperfeiçoamento.

A criança necessita de cuidados especiais para seu desenvolvimento em todos os sentidos; que diríamos se uma criança fosse consciente de seu passado e apontasse seus protagonistas, geralmente os pais? Tudo é sabedoria nas obras divinas.

A criança é ternura, inocência e nos inspira uma pureza inigualável, pois não podendo expressar sua verdadeira identidade, ela transforma-se num anjo de candura aos nossos olhos, porque assim é necessário.

Pois bem, todos nós sabemos que a criança é o símbolo da pureza, de ingenuidade e candura. Quando seus pais a castigam, por algum motivo, em pouco tempo a criança esquece que foi castigada e volta em busca do carinho devido.

Em resumo, a criança não é maliciosa, não é impura, não emite vibrações discordantes, e está sempre pronta a perdoar e estender os braços até mesmo para aqueles que a castigam. Este é o motivo principal pelo qual Jesus nos ensina que o reino dos céus é para aqueles que se assemelham às criancinhas. Não para aqueles que se comportam diante da vida irresponsavelmente como crianças, mas para aqueles que se assemelham, que copiam seus exemplos de ternura, de amor e carinho.

Para ganharmos o reino dos céus, que sabemos não ser um lugar circunscrito no espaço e sim uma condição mental, faz-se necessário a pureza de coração; em que consiste a pureza de coração?

Consiste em estar plenamente conscientes de que somos espíritos eternos caminhando gradativamente para a perfeição.

Consiste em nos conscientizar de que somos a expressão do amor de Deus, somos o amor de Deus materializado.

As nossas imperfeições e negatividades são resultado de uma caminhada evolutiva e não fazem parte integrante do nosso ser.

À medida que vamos caminhando, que vamos evoluindo, que vamos nos conscientizando do que somos na realidade, eliminamos de nós todo mal, negatividade e imperfeição atingindo assim, a pureza de coração, indispensável para a edificação do reino de Deus em nossos corações.

Dissemos que o céu não é um lugar circunscrito no espaço e, sim, uma condição espiritual, uma condição mental. O reino dos céus consiste indiscutivelmente em atingirmos a condição espiritual de amarmos a Deus sobre todas coisas e amarmos a Deus, principalmente, no próximo, exatamente como ensina o Evangelho de Jesus. Amar é fazer aos outros o que gostaríamos que os outros nos fizessem. É fazer o melhor, é trabalhar para expressarmos o bem em benefício de todas as criaturas e em benefício da própria vida.

"Deixai vir a mim as criancinhas, pois tenho o leite que fortalece os fracos. Deixai que venham a mim todos os que, tímidos e débeis, necessitam de amparo e consolação. Deixai vir a mim os que sofrem, a multidão dos aflitos e dos infortunados: eu lhes ensinarei o grande remédio que suaviza os males da vida e lhes revelarei o segredo da cura de suas feridas". Qual é, meus amigos, esse bálsamo soberano que possui tão grande virtude, que se aplica a todas as chagas do coração e às cicatrizes? É o amor, é a caridade.

Se possuís esse fogo sagrado, que é que podereis temer? Direis a todos os instantes de vossa vida: "Meu Pai, que a tua vontade se faça e não a minha. Se te apraz experimentar-me pela dor e pelas atribulações, bendito sejas, porquanto é para o bem, eu o sei, que a tua mão sobre mim se abate.

Se é do teu agrado, Senhor, ter piedade da tua criatura fraca, dar-lhe ao coração as alegrias sãs, bendito sejas ainda. Mas faze que o amor divino não lhe fique amadornado na alma, que incessantemente faça subir aos teus pés o testemunho do reconhecimento."

Se tendes amor, possuis tudo o que há de desejável na Terra, possuis preciosidades em pérolas, que nem os acontecimentos, nem as maldades dos que vos odeiam e perseguem poderão arrebatar. Se tendes amor, tereis colocado o vosso tesouro onde os vermes e a ferrugem não o podem atacar, e vereis apagar-se da vossa alma tudo o que seja capaz de lhes conspurcar a pureza. Sentireis diminuir dia-a-dia o peso da matéria e, como o pássaro que adeja nos ares e já não se lembra da Terra, subireis continuamente,

subireis sempre, até que vossa alma, inebriada, se farte do seu elemento de vida no seio do Senhor.
(Um Espírito Protetor. Bordeuaux, 1861. Evangelho Segundo o Espirítismo, capítulo 8 item 19)

O Poder da Fé

Quando ele veio ao encontro do povo, um homem se aproximou e, lançando-se de joelhos a seus pés, disse: "Senhor, tem piedade do meu filho que é lunático e sofre muito, pois cai muitas vezes no fogo e muitas vezes na água. Apresentei-o aos teus discípulos, mas eles não o puderam curar".

Jesus respondeu: "Ó raça incrédula e depravada, até quando estarei convosco? Até quando sofrereis? Trazei-me aqui este menino".

E tendo Jesus ameaçado o demônio, este saiu do menino, que no mesmo instante ficou são.

Os discípulos vieram então ter com Jesus em particular e lhes perguntaram: "Por que não pudemos expulsar esse demônio?". Respondeu-lhes Jesus: "Por causa da vossa incredulidade. Pois em verdade vos digo, se tivésseis a fé do tamanho de um grão de mostarda, direis a esta montanha: Transporta-te daí para acolá, e ela se transportaria, e nada vos seria impossível" (Mateus, 18: 14: 20).

Jesus nos ensina que a fé transporta montanhas. Se transportássemos montanhas com o poder da fé, estaríamos transgredindo as leis naturais do nosso planeta Terra, uma vez que o próprio mestre Jesus nos disse que não veio para transgredir nenhuma lei natural. A fé não transporta montanhas materiais.

Por meio da doutrina espírita, que nos faculta entendermos com mais clareza o Evangelho do mestre Jesus, nós sabemos que a fé transporta montanhas de problemas e iniquidades.

Jesus vai mais além quando nos diz que, para a criatura que tem fé, nada será impossível (sem transgredirmos as leis naturais, que são leis divinas).

A fé tem aplicação prática no fluido cósmico universal.

Os espíritos divinos carregados da ordem e da execução da vontade de Deus, criam mundos, formam sistemas solares, habitações cósmicas, pela força da fé. Mas precisamos antes de mais nada, entendermos o que é a fé. O *Evangelho segundo o Espiritismo* nos ensina que fé é a vontade de querer. No entanto, a nossa vontade de querer realizações benéficas é ainda muito pequena.

E precisamos entender que a fé se divide em duas partes: a fé religiosa que não é nada mais do que a crença em dogmas particulares das diferentes religiões e a fé divina, esta que tudo pode.

Estamos interessados na fé divina, naquela fé que destrói o mal, a negatividade e a imperfeição dos nossos corações. A vida como sempre nos ensina preciosas lições.

O político que tem fé diz: "Posso e quero" e realiza pela força da fé. O caridoso realiza obras consideradas impossíveis pela vontade de querer realizar obras em benefício das criaturas carentes. Um bom vendedor realiza grandes e lucrativas vendas por meio da fé, ou seja, da vontade de querer. Precisamos entender que fé é a vontade de querer em harmonia com as leis divinas. Não adianta querermos a dominação, porque isto é contrário às leis divinas, às leis cósmicas. Agora precisamos entender porque necessitamos ter fé e como tê-la. Jesus, apesar de conhecer a fundo as nossas limitações, nos disse: "Vós sois deuses. Podereis fazer as mesmas obras que Eu faço e ainda maiores". O que quer dizer que, dentro de nós, estão fazendo parte integrante do nosso ser, todas as qualidades divinas que possamos imaginar, inclusive a força inigualável da fé. Quando Jesus realizava suas curas ele sempre dizia: "A tua fé te curou..."

Vemos assim que Jesus utilizava a fé dos doentes para curá-los, não que o Mestre fosse impotente para realizar a cura, mas que também facultava ao doente a sublime oportunidade de desenvolver a sua fé no amor de Deus e na providência divina materializada na pessoa do Cristo.

A criatura que tem fé, ou seja, vontade de querer, é uma vencedora. Quando temos fé em determinado objetivo, quando acreditamos nesse objetivo, atraímos para nós mesmos as condições necessárias para concretizar este nosso ideal, em todos os sentidos da vida, desde que este objetivo, para se realizar, não venha a prejudicar ninguém.

Sabemos também da força da fé no que se refere à autocura. Pessoas portadoras de doenças incuráveis realizaram a cura, quando a medicina as havia desenganado, simplesmente pela força da fé, ou seja, da vontade firme e inabalável de recuperar a saúde. Conhecemos casos verídicos em que mães com filhos necessitados, portadores de doenças graves e consideradas fatais, atingiram a cura, pela força da fé, pela vontade de querer viver e ser útil aos seus filhos.

Deus, nosso Pai, quer o nosso bem supremo e a nossa felicidade; Jesus, Nosso irmão maior, deseja que cada criatura se emancipe e se assuma como espírito eterno com potencialidades infinitas para realizações no bem.

No entanto, precisamos perceber que a fé para ser útil precisa ser ativa e racional.

Allan Kardec afirma que a fé inabalável só é aquela que pode encarar a razão face a face em todas as épocas da humanidade. É chegada a hora de abandonarmos a fé cega e irracional, a fé que é produto da imposição político-religiosa, para absorvermos a fé racional, a fé que, como diz Kardec, tem condições plenas para encarar a razão face a face em todas as épocas da humanidade. O simples "ter fé" não atesta forças ou poder, mas, às vezes, pura e simples ignorância. Antigamente, achávamos que o Sol girava em torno da Terra e que o nosso planeta fosse o centro do Universo. Pois bem, essa fé cega e sem comprovação não afetou a verdade em si, porque o Sol continuou sendo o centro do Universo e a Terra, o nosso Planeta, continua a girar em torno dele. O homem é um buscador da verdade. Deve buscá-la sem preconceitos e sem determinações a não ser a determinação de encontrar a verdade e de encará-la face a face, porque só assim nasce a fé racional e inquebrantável.

A fé para realmente ser proveitosa tem de ser ativa, ou seja, tem de ter objetivos reais, palpáveis e concretizáveis. A fé deverá estar sempre aliada ao amor para que possa produzir frutos de luz e paz em benefício das criaturas necessitadas de amparo e de luz. A caridade tem de produzir a fé e a fé tem de produzir a caridade real.

Não a caridade ostensiva que, às vezes praticamos para que os outros vejam as nossas obras, mas a caridade real que consiste acima de tudo em promovermos a criatura humana, em desvendarmos os segredos da espiritualidade, em revelarmos o destino do homem e suas potencialidades divinas.

Tenhamos fé em Deus, nosso Pai, que nos ama com amor infinito e eterno, independente das condições em que estejamos no momento porque Deus, sabe que as nossas imperfeições são temporárias e não fazem parte integrante do nosso ser.

Tenhamos fé em Jesus, o Cristo de Deus, que veio até nós e permanece conosco para sempre com a finalidade de despertar a nossa consciência espiritual.

Tenhamos fé em nosso destino, afinal somos espíritos eternos criados por Deus, destinados à felicidade e à perfeição.

Tenhamos fé na vida, pois apesar dos problemas que ela nos mostra, é exatamente a oportunidade de resgate e de crescimento espiritual, rumo à felicidade eterna.

Tenhamos fé nas criaturas humanas, mesmo naqueles que aparentam estar distanciados do bem, porque um dia eles se conscientizarão da realidade e voltarão para o caminho da realidade maior.

Tenhamos fé em nós mesmos, conscientes de que somos deuses, conscientes de que, como afirma Paulo de Tarso, vivemos em Deus, de Deus e para Deus. E se vivemos em Deus, de Deus e para Deus, quem será contra nós?

A fé pode ser desenvolvida como um músculo. Exercitemos a fé produtiva, coloquemos a nossa vontade de querer realizações benéficas em favor de todos, conscientes de que trabalhando para o bem comum, estaremos edificando a nossa própria felicidade.

O QUE É ORAR?

"Quando orardes, não vos assemelhais aos hipócritas, que afetadamente oram de pé nas sinagogas e nos cantos das ruas para serem vistos pelos homens. Digo-vos, em verdade, que eles já receberam a sua recompensa.

Quando quiserdes orar, entrai para o vosso quarto e, fechada a porta, orai a vosso Pai Celestial em secreto, e vosso Pai, que vê o que se passa em secreto, vos dará a recompensa.

Não cuideis de pedir muito nas vossas preces, como fazem os pagãos, os quais imaginam que pela multiplicidade das palavras é que serão atendidos.

Não vos torneis semelhante a eles, porque vosso Pai sabe do que é que tendes necessidade, antes que lho peçais" (Mateus, 6-5-8).

"Quando vos apresentardes para orar, se tiverdes qualquer coisa contra alguém perdoai-lhe a fim de que vosso Pai, que está nos céus, também vos perdoe os vossos pecados. Se não perdoardes, vosso Pai, que está nos céus, também não vos perdoará os pecados" (Marcos, 11: 25: 26).

Também disse esta parábola a alguns que punham confiança em si mesmos, como sendo justos e desprezavam os outros:

"Dois homens subiram ao templo para orar; um era fariseu, o outro publicano. O fariseu, conservando-se de pé, orava assim, consigo mesmo: Meu Deus, rendo-vos graça por não ser como outros homens, que são ladrões, injustos e adúlteros, nem mesmo como esse publicano. Jejuo duas vezes na semana, dou o dízimo de tudo o que possuo.

O publicano, ao contrário, conservando-se afastado, não ousava, sequer, erguer olhar ao céu; mas batia no peito, dizendo: Meu Deus, tende piedade de mim, que sou pecador.

Declaro-vos que este voltou para a sua casa, justificado, e o outro não; porquanto aquele que se eleva será rebaixado e aquele que se humilha será elevado" (Lucas, 18: 19: 14).

"Seja o que for que peçais na prece, crede que o obtereis e concedido vos será o que pedirdes" (Marcos, 11: 24).

"Se eu não entender o que significam as palavras, serei um bárbaro para aquele a quem falo e aquele que me fala será para mim um bárbaro.

Se oro numa língua que não entendo, meu coração ora, mas a minha inteligência não colhe fruto. Se louvais a Deus apenas de coração, como é que um homem do número daqueles que só entendem a sua própria língua responderá amém no fim da vossa ação de graças, uma vez que ele não entende o que dizes?

Não é que a vossa ação não seja boa, mas os outros não se edificam com ela" (I Coríntios, 14: 14, 16 e 17).

Orar é entrar em sintonia vibratória com o plano superior da vida, com a fonte geradora de todos os bens que é Deus e de lá, num ato reflexo, recebermos tudo o que necessitamos para a solução dos nossos problemas.

A prece não é válida pelo número de palavras pronunciadas ou até mesmo pela qualidade das palavras, mas sim pelo sentido que as envolve. A lei que rege os universos é a lei da sintonia vibratória. Pois bem, quando oramos, temos o dever de nos elevarmos vibratoriamente até os planos superiores da vida e de lá recebermos dos emissários divinos os eflúvios, o bálsamo, a solução para os nossos problemas.

Orar é um ato de consciência e de análise dos nossos atos, do nosso comportamento e de nossa conduta. Jesus nos recomenda para orarmos em secreto, porque o Pai que tudo vê, em secreto nos recompensará.

Esse quarto íntimo que Jesus se refere é o mais profundo do nosso ser.

Quando formos orar, precisamos verificar se não temos algum rancor, alguma mágoa contra alguém. Porque Deus, nosso Pai, só escutará, ou melhor, nos responderá se perdoarmos as ofensas que os outros cometem contra a nossa pessoa.

Perdoando seremos perdoados.

Se perdoarmos, Deus nos perdoará as ofensas, as transgressões às leis divinas e naturais que constantemente cometemos; caso contrário, não seremos atendidos.

Vemos que Jesus nos promete que tudo que pedirmos em prece, haveremos de receber. Quantas vezes formulamos as nossas preces na maior demonstração de fé, e a nossa prece não é respondida?

Será que Deus se esqueceu de nós? Não, não é verdade. A verdade é que, às vezes, nos elevamos vibratoriamente falando e a nossa prece não alça vôo para a espiritualidade maior. Isso porque, na maioria dos casos, Deus não atende pedidos egoísticos.

Quando quisermos resolver algum problema pessoal, lembremo-nos de que existem milhares de criaturas que tem os mesmos problemas e lembremo-nos de fazer um pedido não de maneira particular ou egoística, mas de uma maneira coletiva e geral em benefício de todos. Precisamos nos conscientizar de que Deus é Pai e ama a todos os Seus filhos com a mesma intensidade e com o mesmo amor, não sendo justo então, pedirmos só para nós e esquecermos os outros.

De que vale formularmos as nossas preces se não perdoamos aqueles que nos ofendem e caluniam? De que adianta formularmos as nossas preces e solicitarmos do alto a felicidade e a paz, se não trabalharmos ativamente para estabelecermos a felicidade e a paz no nosso íntimo? Por outro lado, precisamos verificar o que pedimos a Deus, Nosso Pai.

Deus sabe o que realmente é bom para o nosso ser. Com a nossa visão imediata, queremos solução rápida para os nossos problemas e para as nossas dores. Todos os nossos problemas físicos, morais ou espirituais são resultados das nossas transgressões às leis de Deus, às leis naturais. Quando transgredimos uma lei natural, precisamos admitir a nossa imprevidência e sofrer as conseqüências dos nossos atos, sem reclamar e murmurar contra a justiça divina que é perfeita, como perfeito é o Nosso Pai Celestial.

Quando oramos precisamos também nos colocar em posição de igualdade para com todas as criaturas da face da Terra.

Todos nós somos iguais perante Deus, nosso Pai. Jesus sempre nos recomenda que quando desprezamos alguns dos pequeninos filhos de Deus, é ao próprio Deus que desprezamos. Como vamos orar achando que somos melhores e mais merecedores da justiça e da misericórdia divina? É falta de bom senso e de lógica. Por outro lado, precisamos entender que a nossa missão na vida é evoluir, é crescer, é aprendermos a resolver os nossos problemas não de maneira temporária, e sim de maneira definitiva e real. Algumas criaturas acreditam que o simples orar, e se elevar espiritualmente vai resolver os problemas.

Acham que os espíritos são encarregados de satisfazer os nossos desejos e caprichos, sem a obrigação ou o trabalho de reforma íntima. Os espíritos superiores nos informam que dia as nossas preces serão atendidas integralmente.

O dia em que reconhecermos que Deus é Pai e que todos nós somos irmãos, e que a lei que rege o nosso comportamento é a lei do amor e da caridade.

A prece mais eficiente é o nosso trabalho de reforma íntima, é o trabalho em benefício de outras criaturas que sempre necessitam mais do que nós.

Quando pensamos, emitimos matéria mental, e o nosso pensamento viaja no espaço para encontrar com seu destinatário. Então surge a velha pergunta: Por quem devemos orar? E nós respondemos: Por todas as criaturas da face da Terra e de todo o Universo. Todas as criaturas necessitam de prece.

A criatura elevada necessita de preces para permanecer no seu estado elevado.

A criatura que se acha rebaixada no nível da espiritualidade, necessita das nossas preces para se elevar até o Pai. Os encarnados necessitam de prece, e os desencarnados também necessitam da mesma maneira. A prece tem como finalidade pedir, louvar ou agradecer a Deus pelos bens divinos. Interessante notar que sempre formulamos preces para pedirmos as bênçãos divinas, que às vezes nem merecemos, e quase nunca lembramos de fazer preces de agradecimento a Deus pela bênção da vida, pela bênção de sermos e de existirmos. A bênção maior de sermos filhos de Deus, nosso Pai.

No *Evangelho segundo o Espiritismo*, capítulo 28, lemos o seguinte, referente à prece: Os espíritos hão dito sempre: A forma nada vale, o pensamento é tudo. Ore pois, cada um, segundo as suas convicções e da maneira que mais o toque. Um bom pensamento vale mais do que grande número de palavras.

Os espíritos jamais prescreveram qualquer fórmula absoluta de prece. Quando dão alguma, é apenas para fixar as idéias e, sobretudo, para chamar a atenção sobre certos princípios da doutrina espírita. Fazem-no também com a idéia de auxiliar os que sentem embaraço para externar suas idéias.

Vemos assim que a prece é uma conversação com Deus, nosso Pai.

Deus é Pai e conhece as nossas necessidades e as nossas fraquezas. Jesus é o nosso irmão maior e o nosso melhor amigo. Confiemos em Jesus.

Façamos as nossas preces de maneira sincera e como se estivéssemos na presença de Jesus conversando naturalmente com Ele. Orar também é emitir pensamentos positivos e luminosos em benefício de todas as criaturas. Um pensamento bem formulado e muito positivo vale mais do que muitas preces decoradas e praticamente sem valor quando não imbuídas dos nossos melhores pensamentos.

Se temos algum ente querido, algum amigo doente e queremos orar para o reestabelecimento da sua saúde, o melhor que fazemos é pedir a Deus de maneira simples que recebamos o que realmente necessitamos para o nosso bem eterno, e emitirmos pensamentos positivos, luminosos, pensamentos de saúde, e votos sinceros para que o nosso ente querido ou o nosso amigo passe a viver em harmonia com as leis divinas e naturais, visto que já estamos conscientes de que todos os nossos problemas físicos, morais e espirituais são resultados das nossas transgressões às leis de Deus.

Ensina-nos o Evangelho: "Pedi e obtereis; ajuda-te e o céu te ajudará". Façamos a nossa parte, ajudemo-nos para que sejamos ajudados.

Façamos as nossas preces, mas trabalhemos ativamente para realizar a nossa reforma íntima, ou seja, para viver em harmonia com as leis divinas e substituir os nossos pensamentos negativos por pensamentos positivos e luminosos em nosso próprio benefício e principalmente em benefício de todos.

Por outro lado, observemos a prece que Jesus nos ensinou: o Pai-Nosso.

Quando dizemos... Pai Nosso..., estamos admitindo Deus como Pai de todas as criaturas do Universo, santificamos a sua presença em todas as criaturas, e pedimos: ... faça-se a tua vontade... para que a vontade de Deus se faça em nossa vida em todos os instantes porque só Deus realmente sabe o que necessitamos e quando necessitamos para o nosso real e eterno bem. Continuando, dizemos: ... daí-nos o pão de cada dia... e com isso admitimos que só Deus é a fonte eterna de todos os bens e de todas as virtudes. Deus é o doador do pão físico e espiritual de que tanto necessitamos.

E chegamos ao ponto em que dizemos: ... perdoai as nossas ofensas, como perdoamos aqueles que nos ofenderam... perdoai as nossas dívidas, como perdoamos aqueles que nos devem... E, assim, pedimos a Deus que seja aplicada em nós a justiça divina, a lei de ação e reação, de causa e efeito. Admitimos que receberemos na proporção exata do nosso merecimento e de conformidade com a nossa vivência na lei de amor.

Não nos deixe entregues às tentações e livrai-nos do mal. Que assim seja.

E, assim, pedimos a Deus, nosso Pai, que nos conceda a força do trabalho de nos elevarmos até ele constantemente e trabalharmos para o bem e a nossa conscientização espiritual. Como vemos, às vezes, fazemos a prece ensinada por Jesus esquecendo que nela estão contidas as leis divinas que regulam o nosso destino e a nossa felicidade.

Não nos esqueçamos: Não é o número de palavras, e sim o teor do nosso pensamento que é válido.

Orar é trabalhar. E aquele que trabalha colhe os frutos do seu próprio esforço.

Só Deus é a fonte eterna de todos os bens e de todas as virtudes.

Oremos por todos.

Não nos esqueçamos de que Deus não atende pedidos egoísticos e exclusivistas. Oremos por todas as criaturas. Perdoemos aqueles que nos ofendem e caluniam, seguindo o exemplo do Mestre dos mestres que é Jesus.

A Saúde está ao seu Alcance

O segredo da cura espiritual consiste em vivermos em conformidade e harmonia com as leis naturais e divinas e cultivarmos pensamentos positivos, visto que todas as nossas células são controladas pela nossa mente.

O Homem é um ser tríplice, constituído de corpo físico, corpo perispiritual e a alma ou espírito encarnado. A saúde perfeita só é possível considerando o tríplice aspecto constitutivo do ser humano.

O corpo espiritual é o corpo básico, constituído de matéria sutil, servindo de base para o corpo físico que é sua cópia. Emmanuel em *Leis de Amor*, capítulo I, pergunta número 2, diz: "A grande maioria das doenças tem a sua causa profunda na estrutura semimaterial do corpo espiritual. Havendo o Espírito agido erradamente, nesse ou naquele setor da experiência evolutiva, vinca o corpo espiritual com desequilíbrios ou distonias, que o predispõem à instalação de determinadas enfermidades, conforme o órgão atingido".

Na pergunta número 12, do mesmo livro, Emmanuel responde: "A mente é mais poderosa para instalar doenças e desarmonias do que todas as bactérias e vírus conhecidos. Necessário, pois, considerar igualmente que desequilíbrios e moléstias surgem também da imprudência e do desmazelo, da revolta e da preguiça. Pessoas que se embriagam a ponto de arruinar a saúde, que esquecem a higiene até se tornarem presas de parasitas destruidores, que se encolerizam pelas menores razões, destrambelhando os próprios nervos, ou que passam todas as horas em redes e leitos, poltronas e janelas, sem coragem de vencer a ociosidade e o desânimo pela movimentação do trabalho, prejudicando a função dos órgãos do corpo físico, em razão da própria imobilidade, são criaturas que geram doenças para si mesmas, sem qualquer ligação com causas anteriores de existências passadas. Toda doença é gerada na mente e expressa-se no corpo físico".

No dizer de Emmanuel a mente é mais poderosa para instalar doenças em nosso organismo do que a maioria dos vírus e bactérias a que estamos expostos no mundo físico.

Os vícios de todos os matizes são outros fatores geradores de condicionamentos e desequilíbrios orgânicos, gerando a doença em todas as formas de manifestações.

A Doutrina Espírita relembra o ensinamento de Jesus: orai e vigiai para não cairdes em tentações, como recurso da higienização da nossa mente e do nosso corpo, para mantermos o patrimônio da saúde visando à nossa evolução espiritual.

Existem determinadas regras que devemos observar para a manutenção da nossa saúde, que consiste no equilíbrio psicofísico, tendo em vista que a saúde ou a doença começa em nossa mente e expressa-se no corpo físico.

REGRAS DE MANUTENÇÃO DA SAÚDE

1º — Realização da reforma íntima, que consiste na reforma e no controle de pensamentos, emoções, palavras e atos.

2º — Vencer vícios e defeitos, dominar as paixões inferiores para manutenção do equilíbrio e da energia vital.

3º — Higiene do corpo físico com uso diário de banhos de água, sol, luz e ar. É indispensável adotarmos métodos de respiração para higienização do aparelho respiratório e da eliminação de toxinas em geral.

4º — Alimentação sóbria e racional, optando por alimentos naturais e saudáveis, ricos em proteínas, carboidratos e gorduras, sais minerais e vitaminas em geral.

5º — Repouso — Dormir o tempo requerido pelo organismo segundo a idade, profissão e temperamento individual. É por meio do sono que repomos as nossas energias físicas e psíquicas, tendo em vista que, enquanto o corpo repousa, o Espírito aure novas forças do plano espiritual para continuação da atividade diária.

6º — Distrações e lazer — Há necessidade absoluta de distrações e lazeres para promover relaxamento proveniente da luta do dia-a-dia, e para isso faz-se (necessário escolhermos distrações sadias e edificantes, lembrando que não é o ambiente ou os espetáculos que nos desequilibram e sim a nossa atitude mental e a nossa sintonização por meio dos pensamentos positivos ou negativos. De preferência devemos evitar espetáculos grotescos, violentos, cruéis que podem despertar a nossa animalidade. É preferível passeios ao campo, parques, jardins, excursões, museus, reuniões culturais, enfim, tudo que nos incite à elevação e à dignidade humana.

7º — Eliminação dos vícios — É indispensável eliminarmos os vícios prejudiciais à nossa saúde, como, por exemplo, o fumo, o álcool, a gula e os tóxicos em geral.

André Luiz, em sua obra *Nos Domínios da Mediunidade*, descreve uma cena de botequim, mostrando como alguns espíritos desencarnados, junto de fumantes e bebedores, com triste feição, se demoravam expectantes.

Alguns sorviam baforadas de fumo arremessadas ao ar, ainda aquecidas pelo calor dos pulmões que as expulsavam, nisso encontrando alegria e alimentação aos seus vícios.

8º — Defeitos morais e paixões — Devemos eliminar os nossos defeitos morais e as paixões inferiores, mantendo em todos os instantes um ideal elevado, tomando a Jesus como modelo de perfeição moral. O orgulho, o egoísmo, a sensualidade, a hipocrisia, a avareza e a crueldade são defeitos morais que devemos eliminar por meio da aplicação da lei do amor a Deus e ao próximo ensinada por Jesus.

9º — Pensar é causar — Eliminar da nossa mente o medo de doenças e pensar em saúde, visto que no ato de pensar em saúde estaremos condicionando todas as nossas células para produzirem mais saúde e equilíbrio.

10º — Cultivar um ideal elevado na vida que consiste na conscientização de que estamos aqui para evoluir, crescer e produzir em nosso benefício e em benefício de todas as criaturas. Cultive um ideal, pois neste aspirar é que as nossas forças se expandem promovendo a nossa renovação celular.

Melhorar os Pensamentos

O pensamento é o agente determinante da nossa saúde física e espiritual. O nosso organismo se renova constantemente. Enquanto estamos lendo, as nossas células estão se renovando e, por meio dos nossos pensamentos, atuamos na renovação celular, de maneira positiva ou negativa, conforme o teor dos nossos pensamentos. Se pensamos negativamente, atuaremos na renovação celular do nosso organismo de maneira negativa, envolvendo as células em energia psíquica negativa, nascendo assim a doença.

Se cultivarmos pensamentos positivos, atuaremos e envolveremos as nossas células em energias psíquicas positivas, gerando assim a saúde e o equilíbrio. É indispensável a reforma dos nossos pensamentos,— substituição de pensamentos negativos por pensamentos positivos — para a manutenção da nossa saúde.

O segredo da cura espiritual consiste em viver em conformidade e harmonia com as leis naturais e divinas e cultivar pensamentos positivos, visto que todas as nossas células são controladas pela nossa mente.

Quando por algum motivo nos sentimos deprimidos, enviamos a ordem mental para todas as células do nosso organismo para que elas se tornem deprimidas. Então o trabalho das células se reduz, ocorrendo assim a lassidão, o desequilíbrio e a estagnação.

A mãe natureza concedeu a todos nós uma máquina biológica perfeita e depende da nossa administração vivermos ou não com saúde. Sabemos que existem doenças "cármicas" e que o nosso corpo físico perece, morre, mas devemos trabalhar conscientemente para que a morte do corpo físico ocorra por desgaste natural e não por doenças. Por outro lado, se estamos doentes, não nos preocupemos com a manifestação da doença, obedeçamos ao médico e procuremos trabalhar para curar a nossa mente, e se assim não se efetivar nesta presente encarnação, em outra teremos uma saúde melhor.

Melhore os seus pensamentos, pense em saúde, alegria, felicidade e progresso. Desenvolva o otimismo qualquer que seja a circunstância em que você está vivendo. Acredite em Deus, na vida, na sociedade, nas pessoas. Adote como lema todos os dias a filosofia do otimismo: Hoje estou melhor do que ontem, amanhã estarei melhor do que hoje, sempre, sempre melhor em todos os sentidos.

Lembre-se do ensinamento de Jesus: "Vós sois deuses".

Afirme todos os dias:

Eu sou filho de Deus e tenho saúde perfeita e agora estou envolvendo todas as minhas células em energia de equilíbrio, saúde e felicidade. Estou trabalhando conscientemente para melhorar a minha saúde dia a dia, melhorando os meus pensamentos, as minhas emoções e meus atos.

O amor é o remédio. Eu amo a Deus e todas as criaturas.

Que assim seja.

Como Vencer os Condicionamentos Negativos e Construir uma Vida mais Sadia e Feliz

O objetivo principal da reencarnação não é simplesmente pagar os débitos do passado e sim evoluir. É certo que trazemos dívidas do passado, mas o pagamento se processa dentro da lei do amor. Alguns dos maiores devedores do passado pagam seus débitos por meio do exercício mediúnico em benefício da coletividade.

Evolução é o processo de conscientização espiritual. Jesus comparou o reino dos céus com uma semente. Ele mesmo nos diz: "Vós sois deuses". Isso quer dizer que temos dentro de nós, fazendo parte integrante do nosso ser, todas as qualidades divinas e espirituais que possamos imaginar. Fomos criados simples e ignorantes no que se refere à consciência e por meio da reencarnação exercitamos a consciência espiritual.

Somos perfeitos em potência e evoluir é transformarmos a perfeição do estado de potência para o estado de ato. Quando pegamos uma semente de laranja, — dificilmente raciocinamos de maneira lógica — está contido em estado de potência um laranjal, com milhares de laranjas e milhões de outras sementes. Quando plantamos e cuidamos da plantinha e esperamos sua produção, ela deixa o estado de potência e passa para o estado de ato.

Somos espíritos eternos, criados por Deus, destinados à felicidade e à perfeição. Somos perfeitos em potência e estamos transformando esta potencialidade em ato.

Sintonia Vibratória

A lei que rege a vida é a lei do amor, ou seja, amor a Deus sobre todas as coisas e o próximo. A lei auxiliar da lei do amor é a lei de ação e reação. Esta lei nos ensina evangelicamente: "A cada um segundo as suas obras". A cada um segundo as suas produções de pensamentos, emoções e atos. Com isto nos conscientizamos de que todos os nossos sofrimentos físicos, morais e espirituais são resultantes das nossas transgressões às leis divinas e naturais, e não castigo de Deus.

Outra lei divina que devemos observar é a lei de sintonia vibratória. Por meio dos nossos pensamentos, emoções e atos, entramos em sintonia perfeita com mentes encarnadas e desencarnadas, que vibram, pensam e agem como nós, nascendo então os problemas de obsessões ou de amparo espiritual, conforme as nossas produções positivas ou negativas.

Outra lei que devemos observar: reforma íntima. Todos os nossos atos são precedidos de pensamentos e emoções. Pois bem, como já sabemos, reforma íntima consiste em substituirmos pensamentos negativos por pensamentos positivos, tendo em vista que os pensamentos são a base das nossas ações.

Por meio do passe, que é uma transfusão de energias eletromagnéticas vitais, que tem como finalidade mover as nossas energias interiores, temos totais condições de evoluirmos com segurança e felicidade.

"ORAI E VIGIAI", DISSE O CRISTO

O espírita cristão autêntico precisa deixar de lado os condicionamentos negativos, tais como:
• todos os meus problemas são resultantes da reencarnação passada;
• este ou aquele problema é ação de obsessores;
Somos espíritos construtores do nosso destino. Se vivermos em harmonia com as leis de Deus, ou seja, a lei de amor a Deus sobre todas as coisas e ao próximo, estaremos isentos de sofrimentos e dores.

"Orai e vigiai", disse o Cristo. Vigiemos os nossos pensamentos, porque somos ou nos transformamos naquilo que pensamos. Se pensamos positivamente, construiremos uma vida mais sadia e feliz.

Deixemos de lado os condicionamentos negativos em relação à Doutrina Espírita. Cultivemos pensamentos positivos, a fé — vontade de querer — e o otimismo. Estudemos a lei do amor, de ação e reação, de sintonia vibratória e coloquemos estas leis em funcionamento em nosso benefício e em benefício de toda a humanidade.

"Vós sois deuses, podereis fazer as mesmas obras que Eu faço e ainda maiores", disse Jesus.

Jesus espera que vivamos em plena consciência das potencialidades, transformando-as em atos para benefício de todas as criaturas.

Paz

"Busque a paz e siga-a." (I Pedro, 3: 11)

Todas as criaturas buscam a paz, mas poucas sabem como buscá-la e muito menos como encontrá-la.

Paz não é apenas satisfação dos nossos desejos materiais, é, acima de tudo, a saúde e a alegria do Espírito.

A paz legítima resulta do equilíbrio entre os nossos desejos e os propósitos da vida, na posição em que nos encontramos.

Somos Espíritos eternos, criados por Deus, destinados à felicidade e à perfeição. A finalidade principal da vida não é acumular bens materiais, mas evoluir em todos os sentidos.

A vida é uma missão, e qualquer outra definição deixa a desejar.

Temos a missão de viver, para evoluirmos e fazermos evoluir as pessoas que nos rodeiam e até mesmo as coisas materiais que nos servem de instrumentos.

A paz não resulta de bens materiais, de acúmulo de dinheiro, de posição social e financeira, mas resulta, sim, da vivência em harmonia com as leis divinas.

Existem duas espécies de paz: a paz exterior e a paz profunda.

A paz exterior é a paz aparente, dependente de aquisições materiais para a sua manifestação; portanto, é temporária, é ilusória, é efêmera. A paz profunda é a paz interior, que resulta do equilíbrio, da harmonia e, sobretudo, da vivência da lei do amor.

Para estabelecermos a paz em nossa vida é indispensável sabermos que Deus é a fonte eterna de todos os bens, a inteligência suprema e causa primária do Universo.

A lei que rege os nossos destinos é a lei do amor a Deus, a todas as coisas e ao próximo como a nós mesmos. E nesta lei está o segredo da paz profunda, interior, eterna, real e concreta.

Para vivermos em paz, é necessário que a compaixão e a bondade sigam os nossos passos e que possamos assumir o compromisso de evitar a exasperação.

Todos os aflitos, desesperados, coléricos, trazem as marcas da ilusão, porque são vítimas da própria ilusão.

Para atingirmos a paz profunda é indispensável pensarmos, sentirmos e agirmos na paz, para nós e para todas as criaturas.

Deus é amor, e a lei que rege o Universo é a lei do amor, é a lei do equilíbrio e da harmonia.

Pense na harmonia e no equilíbrio dos movimentos do planeta que nos acolhe a existência; no equilíbrio e na harmonia do funcionamento dos nossos órgãos vitais para a manutenção da vida.

Deseje a paz em sua vida, não de maneira passiva, consciente que a paz não é indolência do corpo e sim tranqüilidade e alegria do Espírito. Pense na grandiosidade e na beleza infinita da vida, no amor de Deus, na providência divina e na harmonia da sua própria vida orgânica.

Desvencilhe-se dos impulsos negativos que o induzem a destruir a paz interior. Aprenda a viver com a paz aliada à disciplina. Levante-se pela manhã com tranqüilidade, formulando desejo sincero de paz para você, para seu local de trabalho, para sua família e para toda a humanidade.

Movimente-se com paz, trabalhe tranqüilo; retorne a seu lar com tranqüilidade e, ao fim do dia, agradeça a Deus pela bênção da vida, do trabalho e do progresso.

Aprenda a relaxar-se, induzindo o seu subconsciente a tranqüilizar todos os seus órgãos, todos os seus músculos, enfim todo o seu ser.

Respire profundamente e, ao insuflar seus pulmões de ar, mentalize a paz penetrando em seu ser, por meio do ar que você respira.

Analise sua vida de relação com todas as criaturas, sua maneira de pensar, de sentir e de agir. É inútil buscarmos a paz, acreditando na guerra, na mentira, no orgulho e na vaidade.

Procure, conscientemente, agir para com o próximo, utilizando a regra infalível do equilíbrio e da paz ensinada pelo Mestre dos mestres que é Jesus: "Amai o próximo como a vós mesmos. Fazei aos outros o que gostaríeis que os outros vos fizessem". (Mateus, 22: 34-40)

Busque a paz na dignidade de pensar, de sentir e agir.

Associe-se ao lazer sadio para relaxar as tensões do dia-a-dia.

Aprenda a tranqüilizar-se em todas as circunstâncias da vida.

Encare-se como Espírito eterno, criado por Deus, destinado à felicidade e à perfeição, vivendo, temporariamente, no mundo físico com a finalidade de evoluir; a única maneira de evoluir é amando a Deus e o próximo.

Analise, detalhadamente, a sua vida. Como você pensa? Como você administra os seus sentimentos? Como você age em relação ao próximo? O que você pensa da vida, de Deus e do mundo?

Desenvolva a fé, a coragem, a inteligência, o bom senso, e, acima de tudo, o otimismo.

Sinta, deseje e busque a paz.

Tenha calma. O progresso necessita de ordem, harmonia e tranqüilidade. Não tenha ansiedade sobre os resultados de qualquer trabalho ou esforço.

Todas as vezes em que tiver oportunidade, relaxe sua mente e seu corpo, colocando-o na posição mais cômoda possível.

Durante o trabalho, evite a ansiedade e a precipitação, conservando o seu coração no mais profundo desejo de paz.

Viva na paz perfeita que resulta da absoluta confiança de que tudo acontece para o nosso bem.

BIBLIOGRAFIA

BOZZANO, Ernesto. *Pensamento e Vontade*. Rio de Janeiro, Federação Espírita Brasileira, 1932.

KARDEC, Allan. *O Livro dos Médiuns*. 2ª edição. São Paulo, Edições Federação Espírita do Estado de São Paulo, 1989.

_____. *O Evangelho Segundo o Espiritismo*. 5ª edição. Edições Federação Espírita do Estado de São Paulo, 1989.

_____. *A Gênese: Os Milagres e as Predições segundo o Espiritismo*. São Paulo, Livraria Allan Kardec, 1987.

_____. *Obras Póstumas*. Rio de Janeiro, Federação Espírita Brasileira, 1935.

XAVIER, Francisco Cândido. Pelo Espírito de André Luiz. *Evolução em Dois Mundos*. Rio de Janeiro, Federação Espírita Brasileira, 1959.

_____. *Nos Domínios da Mediunidade*. Rio de Janeiro, Federação Espírita Brasileira, 1959.

_____. *Libertação*. Rio de Janeiro, Federação Espírita Brasileira, 1959.

_____. *E a Vida Continua*. 12ª edição. Rio de Janeiro, Federação Espírita Brasileira, 1964.

_____. *Os Mensageiros*. 3ª edição. Rio de Janeiro, Federação Espírita Brasileira, 1980.

_____. *Missionários da Luz*. Rio de Janeiro, Federação Espírita Brasileira, s.d.

Leitura Recomendada

RECOMPENSA, A
Quando a Justiça de Deus se Faz Presente
Iara C. L. Pinheiro

Em A Recompensa, Iara Cristina Leopardi Pinheiro nos remete a fatos do nosso cotidiano e nos ensina a amar a Justiça Divina, que é Misericórdia, embora muitas vezes não seja reconhecida como tal. E entre as muitas lições que transmite, antes de ensinar-nos a Oração da Justiça, a autora ainda nos oferece as palavras de Jesus, o Mestre dos mestres.

PRINCESA DOS ENCANTOS, A
Sob o domínio da paixão
Rubens Saraceni inspirado por Pai Benedito de Aruanda, M. L.

A Princesa dos Encantos é um romance que se passa há muito tempo e nos remete a uma época mítica, impossível de ser detectada nos livros de História. Rubens Saraceni, inspirado por Pai Benedito de Aruanda, nos mostra a lapidação de uma alma, tal qual um diamante bruto, e a sua trajetória rumo à Luz!

RASTRO DE LUZ
Semente de Amor, Colheita da Paz
Iara C. L. Pinheiro

Neste romance, os personagens são jovens desencarnados que aprendem nas colônias espirituais como a vida material pode servir para o crescimento do espírito e que os valores humanos devem passar por uma lente global que tudo vê sob o prisma do espírito e do Amor Divino dentro da Lei da Evolução.

REENCONTRO...
O Despertar do Amor
Iara C. L. Pinheiro — Por Inspiração do Espírito Kahena

Este é um romance para ser lido com o coração; é uma obra que toca profundamente quem a lê, que mexe com os sentimentos íntimos e profundos, que traz à tona emoções sinceras e verdadeiras.

Leitura Recomendada

SARA
A vida não pode ser só isso
Edilson Corrêa — Inspirado por Majiluz

Uma história de vida é sempre uma aventura em qualquer plano. O que importa são as lições que ela traz em si.

Sara — a vida não pode ser só isso é um romance que conta a história de uma jovem que voltou ao Plano Maior antes do que esperava. É uma história comum, como a de todos nós, porém é dentro deste aspecto que está toda a magia.

CHICO XAVIER
e Isabel, A Rainha Santa de Portugal
Eduardo Carvalho Monteiro

Chico Xavier e Isabel são espíritos afins, porque vivem um mesmo ideal. Suas vidas assemelhadas no amor à humanidade derrubam o tempo ordinário e o espaço insignificante, desprezando os rótulos religiosos para se atraírem na eternidade e serverm de exemplo a todos nós, espíritos peregrinos em busca de luz!

ENFIM JUNTOS
O Amor pode Atravessar Séculos...
Adreie Bakri

Acreditem ou não em reencarnação, todas as pessoas sonham em um dia encontrar sua alma gêmea e dividir com ela todos os momentos de sua vida, ou de suas vidas. Enfim Juntos relata a história de amor de Mário e Ana que, apesar de se amarem profundamente, passaram, vidas após vidas, resgatando erros para, enfim, poder viver o grande amor.

CIDADE DOS ESPÍRITOS, A
A Vida no Mundo Espiritual
Rosabela Paz

O livro psicografado por Rosabela Paz é revelador e responde às mais importantes perguntas que nos fazemos enquanto encarnados: Para onde vamos? Qual será o nosso destino? Traz em suas linhas imagens emocionantes que tocam até os mais céticos. Muitos podem sentir como se estivessem revendo cenas que assistiram no mundo dos espíritos.

MADRAS® Espírita

CADASTRO/MALA DIRETA

Envie este cadastro preenchido e passará receber informações dos nossos lançamentos, nas áreas que determinar.

Nome _____
Endereço Residencial _____
Bairro _____ Cidade _____
Estado _____ CEP _____ Fone _____
E-mail _____
Sexo ☐ Fem.   ☐ Masc.   Nascimento _____
Profissão _____ Escolaridade (Nível/curso) _____
Você compra livros:
☐ livrarias   ☐ feiras   ☐ telefone   ☐ reembolso postal
☐ outros: _____
Quais os tipos de literatura que você LÊ:
☐ jurídicos   ☐ pedagogia   ☐ romances   ☐ espíritas
☐ esotéricos ☐ psicologia ☐ saúde   ☐ religiosos
☐ outros: _____
Qual sua opinião a respeito desta obra? _____

Indique amigos que gostariam de receber a MALA DIRETA:
Nome _____
Endereço Residencial _____
Bairro _____ CEP _____ Cidade _____
Nome do LIVRO adquirido: Leis Espirituais...

MADRAS Espírita
Rua Paulo Gonçalves, 88 - Santana - 02403-020 - São Paulo - SP
Caixa Postal 12299 - 02098-970 - S.P.
Tel.: (0_ _11) 6959.1127 - Fax: (0_ _11) 6959.3090
www.madras.com.br

Para receber catálogos, lista de preços
e outras informações escreva para:

MADRAS
Espírita

Rua Paulo Gonçalves, 88 — Santana
02403-020 — São Paulo — SP
Tel.: (0_ _11) 6959.1127 — Fax: (0_ _11) 6959.3090
www.madras.com.br